KB013492

엄마의 명리 공부

내 아이의 진짜 적성과
진로를 찾고 싶은

엄마의
명리공부

김학목·최은하 지음

판미동

들어가며

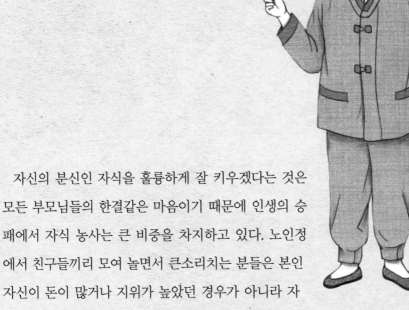

　자신의 분신인 자식을 훌륭하게 잘 키우겠다는 것은 모든 부모님들의 한결같은 마음이기 때문에 인생의 승패에서 자식 농사는 큰 비중을 차지하고 있다. 노인정에서 친구들끼리 모여 놀면서 큰소리치는 분들은 본인 자신이 돈이 많거나 지위가 높았던 경우가 아니라 자식이 잘 된 경우라고 하는 말이 있다. 세상이 앞으로는 어떻게 변할지 모르겠지만 아직까지 우리의 정서로는 자식이 잘 되면, 그 부모님들이 그 당사자 자식만큼 아니 그보다도 더 신이 나기 때문일 텐데, 삶에서 자식이 차지하는 비중이 다른 무엇보다도 크다는 것을 이렇게 에둘러서 표현했을 것이다.

　자식들에게 조금만 소홀하면 관심도 없냐고 서운해하며 짜증 내는 경우가 있고, 신경을 많이 쓰면 간섭하지 말라고 덤비며 반발하는 경우가 있다. 어떻게 해야 자식의 마음을 다치지 않게 보듬으면서 잘 키울 수 있을까? 심리학을 전공한 사람들이 아니고는 설령 그런 사람들일지라도 일일이 자식의 마음을 알아 챙기며 살기는 쉽지 않을 것이다. 그런데 우리 동양에는 예전부터 사람의 인생을 탐구할 수 있는 학문이 있었으니, 그것은 음양오행론을 기초로 한 사주명리학이다. 사주명리를 공부하면 자식의 적성이나 특성을 미리 알아 그것에 따라 맞춤교육을 할 수 있다.

음양오행론은 신비의 학문으로 그래서 미신으로 인식되고 있다. 그런데 실제로 사주명리를 배워 보면 신비한 것도 아니고 미신이 아니라는 것도 바로 깨달을 수 있다. 음양오행의 상생·상극의 원리로 사람들의 운명을 유추하는 것 자체는 더없이 아주 신비하다고 할 수 있지만 그 원리는 별로 어려운 것이 아니다. 그 원리를 조금만 알아도 내 자식이 어디에 관심이 있고 어떻게 인생을 인도해 줘야 삶을 성공하게 할 수 있는지 바로 알 수 있다. 자식을 잘 키우는 것은 맹목적으로 투자하고 사랑을 듬뿍 주는 것이 아니라 자식을 정확히 알고 그 특성에 따라 투자하는 것이다.

음양오행의 상생·상극의 원리를 계절에 비유해서 쉽게 설명해 놨으니, 조금만 시간을 투자해서 이 책을 읽어 보면 인생이 어떻게 흘러가는지 그 원리를 깨달을 수 있다. 그 원리를 알고 자식을 키우는 것이 제대로 자식을 사랑하는 것이지만 결국 나 자신을 사랑하는 것이기도 하다. 세상은 열심히 산다고 잘 되는 것이 아니다. 그 흐름을 알고 그것에 따라 맞춰 살 줄 알아야 된다. 이제 그 원리를 자식 키우는 법으로 쉽고 간략하면서도 자세히 밝혔으니, 자식을 잘 키움은 물론 나 자신과 사랑하는 사람들을 모두 제대로 키워 세상을 더욱더 빛나고 아름답게 만들자.

2019년 신정 계양산 북녘 기슭에서

해송 김학목

올해도 여전히 수시와 정시의 비중문제로 비바람이 치는 입시현장의 뉴스를 보면서 지난 몇 년간의 시간들이 주마등처럼 떠오른다. 공부가 그렇게 싫어 그림과 춤에 빠져 밤낮을 지새우다가 삼수까지 하여 약학과에 들어가서 또 시달리는 큰딸, 운동에 빠져 놀다가 재수로 전기과에 들어가서 적성에 맞지 않아 몸부림치는 작은아들, 입시 때에는 두 아이들의 모습까지 떠올라 언제나 마음이 더 짠해지며 안타깝다. 재수·삼수를 했는데도 좋아하는 길로 돌이켜 줄 용기가 없었으니, 이미 와버린 길이 너무 멀고 아까웠기 때문이리라.

내 자녀들도 그렇고 공부방 아이들도 그렇고 늘 "공부 못해서 어떻게 살려고 하니?"라고 경고 아닌 경고로 가르쳤던 지난날들에 이제야 고개를 들지 못하겠다. 나도 앞서간 어른들이 일러 준 대로 걸어와 처음 어른이 되고 처음 엄마가 되어 그랬던 것 같다. 삶의 전문가도 아니면서 늘 세상살이에 대한 욕심으로 높은 점수와 좋은 학교를 강요했다. 우리 아이들이 무엇을 잘하는지 어떤 색깔의 성향인지는 별로 중요하지 않았다. 앞서간 어른들이 만들어 놓은 넓고 잘 닦여진 그 길로만 가기를 원했으니, 아이들은 점점 교묘하게 피하고 속이며 반항했고, 행복한 시간과는 자꾸 멀어져 갔던 것이다.

이즈음 갱년기에 건강까지 나빠지며 삶이 소용돌이 칠 때 우연히 명리학을 접하게 되었다. 아이들의 생년월일시에 이렇게 많은 정보가 들어 있는 줄 비로소 알게 되었다. 그것도 간단하게 음양오행의 상생·상극의 원리를 적용하는 것만으로 말이다. 삶의 목적지를 처음부터 정확하게 아는 사람이 어디 몇이나 있을까마는 아이들에게 숨통을 뚫어 줄 수 있는 출구를 다행스럽게 이제라도 찾게 되었다. 나는 비록 그 기회를 다소 놓쳤을지라도 이 좋은 선물을 후배 엄마들께 나눠 주고 싶다. 음양오행에 대한 약간의 지식만으로도 아이들의 타고난 특성이나 색깔대로 인도하는 데 나침판이 될 것이기 때문이다. 그래서 해송 박사님의 권유에 따라 이 책을 쓰는 데 주저 없이 함께 따라나서게 되었다.

2019년 새해를 맞이하면서
최은하

차례

책을 읽는 방법

1부는 「해송학당」 초급반의 가은맘이 앞으로의 진로를 결정해야 하는 고1 딸 가은과 그 친구 하늘이를 데리고 명리의 기초에 관해 나누는 대화이고, 2부는 「해송학당」 고급반의 하쌤이 해송과 명리의 핵심인 10천간 12지지에 대해 나누는 문답이며, 3부는 하쌤이 제자나 학부모 등과 적성이나 특기 등에 대해 사주로 풀이하는 이야기이고, 4부는 해송이 하쌤과 인생 전반과 그 이상에 대해 좀 더 깊이 있게 다루는 설명이다.

1부 한 시간에 끝내는 명리의 기초에서는 명리학의 기초가 되는 음양오행에 대해 가장 기초적인 것을 읽기 쉽도록 간결하게 정리했다. 여기에서는 음양오행의 상생과 상극이 무엇인지 그리고 10천간과 12지지가 음양오행과 어떻게 연결되어 사주 풀이 곧 아이들의 적성이나 성격을 알 수 있는지 이해하면 된다. 세부적인 이론은 그 뒤에서 실제 사주를 가지고 자세히 설명하기 때문이다.

2부 상식에 도움이 되는 10천간과 12지지에서는 사주팔자를 구성하는 실제의 간지에 대해 간결하면서도 자세하게 설명한 것이다. 10천간의 특성에서는 천간에 대해 분출, 확산, 중계·전환, 수렴, 응축이라는 오행의 풀이를 가지고 명료하게 설명했다. 12지지의 특성에서는 지지에 대해 식물이 씨앗에서 싹이 나와 자라고 열매 맺는 과정에 비교함으로써 논리적 일관성을 유지하는 동시에 알기 쉽고 재미있게 설명했다.

3부 우리 아이 타고난 재능 놓치지 않기에서는 어떤 사주가 운동으로, 음악으로, 미술로, 공부로, 사업으로 성공할 수 있는지 실제 사례를 통해 설명하고, 그 뒤에 도표로 알 수 있게 간단히 정리해 놨다. 자식을 어떻게 키워야 할지 고민하는 학부모들께서는 이곳을 꼼꼼히 읽어 보고, 자식에게 어떤 특성이 있는지 미리 판단해서 그 앞길을 잘 이끌어 주길 바란다.

4부 누구나 자신의 인생을 걸어간다에서는 우리의 삶이 어떻게 이루어지는지 실제 사주를 가지고 이해하기 쉽게 설명했다. 삶은 현재에서 끝나는 것이 아니라 과거에서 현재를 통해 미래로 이어지는 것이니, 그것이 왜 그런지 음양오행 공부를 통해 깨우치길 바란다. 특히 자식의 삶도 이런 관계 속에서 파악해서 그 삶이 행복하게 되도록 이끌어 주길 바란다.

자식의 사주가 복잡할 경우, 도식적으로는 그 진로 파악이 다소 어려울 수도 있다. 그러나 책의 내용을 어느 정도 파악하고 나면, 어느 쪽으로 적성이 뛰어난지 금방 알 수 있으니, 책을 천천히 꼼꼼히 읽어 보시길 바란다. 혹 더 이상의 명리 지식을 원한다면, 판미동에서 나온 저자의 『명리 명강』을 보거나 다음카페 〈해송과 함께 하는 명리명강〉에 와서 여러 가지 내용을 참고해도 되고, 인사동에 있는 「해송학당」을 방문해도 된다. 마지막으로 사주를 보기 위해서는 만세력으로 참고해서 사주를 뽑아야 하는데, 스마트폰에 만세력 앱을 깔고 태어난 연·월·일·시를 넣으면 바로 뽑을 수 있다.

선조들의 지혜로부터 이어져 내려온 음양과 오행은
명리의 핵심일 뿐만 아니라 이미 우리의 삶 속에도 스며들어 있는
통찰이다. 음양오행을 이해하면 명리를 신비한 학문이 아니라
과학적이고 합리적인 학문으로 받아들일 수 있다. 명리는 하루의
아침·낮·저녁·밤이나 한 해의 봄·여름·가을·겨울처럼 일정하게
주기적으로 순환하는 것을 다섯 단계로 나눠 사람의 운명을 추측하는
것이기 때문이다. 이제부터 그 비밀의 문을 향해 들어가 보자.

1부

한시간에 끝내는
명리의 기초

1강
사람의 성격에도
봄·여름·가을·겨울이 있다

고등학교 1학년인 둘째 딸 가은이가 같은 반 친구 하늘이와 함께 우리 집에 놀러 왔다. 그런데 현관문을 열고 들어오자마자 호들갑스럽게 나를 찾는 것이 아닌가. 잔뜩 들떠 있기에 그 이유를 물어보니, 지난 주 하늘이 엄마가 철학관에 가서 하늘이 사주를 봤다고 한다. 하늘이는 한창 진로를 고민하던 차에 듣고 싶었던 말을 들었다며, 그 원리가 어떤 것인지 궁금해했다. 그래서 「해송학당」 초급반에서 배운 것들을 토대로 기초적인 부분을 조금 설명해 주기로 했다. 첫 번째 주제는 주기적으로 변화하는 자연의 원리를 담은 오행에 대한 얘기다.

가은맘 하늘이는 언제 봐도 활기차구나!

하늘 안녕하셨어요? 어제 우리 엄마가 제 사주를 보고 왔는데 대학 진학에 대해서 물어보셨나 봐요. 가은 어머니께서는 점 같은 것을 믿으세요?

가은맘 그럼. 사주에는 세상의 이치가 담겨 있거든.

하늘 엄마는 제가 이과를 택해 엄마처럼 약사가 되기를 원하시는데, 저는 문학을 좋아하거든요. 그런데 철학관에서 제가 문과 소질이 강하다면서 앞으로의 직업은 가르치는 일을 하면 행복하게 살 수 있다고 했대요. 제가 바라던 진로였거든요. 얼마나 다행인지!

가은맘 잘 됐구나. 사주를 보길 잘했네.

하늘 근데 너무 신기하지 않아요? 제가 문과 소질이 강한지 어떻게 알죠?

가은맘 태어난 연월일시를 보고 그 사람의 기질과 운명을 살피는 학문이 있어. 사주명리학이라는 건데……. 철학관에서 왜 그렇게 말했는지 내가 쉽게 설명해 줄까?

가은 엄마, 점을 설명할 수 있어요? 점은 미신 같은 거 아니에요?

가은맘 나도 얼마 전까진 그렇게 생각했는데, 『명리 명강』을 보고 생각이 바뀌었어. 점에는 크게 두 가지가 있어. 음양오행이라는 철학적인 원리를 바탕으로 한 사주 또는 명리학이라는 것이 있고, 또 무당이 사람을 보고 그냥 알아맞히는 신점이 있어.

가은   둘은 뭐가 달라요?

가은맘 무당이 사람의 운명을 알아맞히는 것은 신이 내려 그런 것이라 배울 수 있는 것이 아니야. 그렇지만 엄마가 배우는 사주명리학은 음양오행의 원리에 따라 '운명(命)'의 '이치(理)'를 풀이하는 거야. 원리만 알면 되기 때문에 누구나 공부만 하면 알 수 있어. 그래서 설명해 준다고 했던 거야.

하늘   우와! 태어난 연·월·일·시만으로 정말 그 사람이 무엇을 좋아하는지, 어떤 운명을 타고났는지 알 수 있다고요? 빨리 설명해 주세요!

가은맘 세상은 무질서하게 변하는 것 같지만 사실은 나름의 정해진 흐름에 따라 변화해. 예를 들면 우리는 하루하루가 다르다고 느끼며 살아가지만 매일 아침·낮·저녁·밤이 반복되고 또 크게 보면 주기적으로 봄·여름·가을·겨울이 반복되잖니. 그런 것처럼 큰 시각으로 보면 세상의 변화에는 일정한 흐름이 있는 거야. 인생을 보는 데 이런 흐름을 적용한 것이 사주를 보는 기본 원리야.

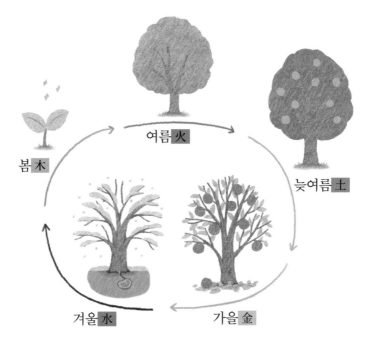

봄 木

여름 火

늦여름 土

겨울 水

가을 金

나무로 보는 오행의 변화

하늘   낮과 밤으로, 또 봄·여름·가을·겨울로 세상이 흘러가는 것이 사주랑 무슨 관련이 있어요?

가은맘   혹시 음양오행이라는 말을 들어 봤니? 사주명리는 이 음양오행의 원리로 사람의 운명을 예측해. 이제부터 그걸 설명해 줄게. 음양에서 '음(陰)'은 밤처럼 어둡고 움츠리며 수동적이고 소극적인 것을 말하고, '양(陽)'은 낮처럼 밝고 활기차며 역동적이고 적극적인 것을 말해. 흔히 남자를 양(陽)이라고 하는 이유는 역동적이고 활동적이기 때문이고, 여자를 음(陰)이라고 하는 이유는 소극적이고 수동적이기 때문이야. 구태의연한 얘기로 들릴 수 있지만, 전통적인 사고방식이 반영된 거야.

하늘   네, 이해할 수 있어요. 우리 반은 여자애들이 더 적극적이지만요.

가은맘 오행(五行)은 세상이 '목 木 · 화 火 · 토 土 · 금 金 · 수 水'라는 다섯 단계로 흘러가는 것을 말해. 이때 말하는 다섯 가지는 서로 긴밀하게 연결되어 있는 기운들이야. 목 木 은 봄에 씨앗에서 싹이 돋아 땅을 뚫고 나와 쑥쑥 자라는 것인데, 사람의 인생으로 본다면 아이들이 공부하

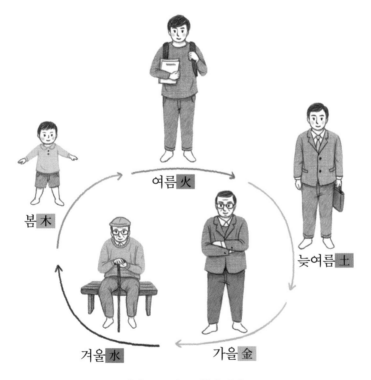

인생으로 보는 오행의 변화

며 활발하게 자라는 소년기로 볼 수 있어. 화火는 여름에 불이 번지듯이 무성하게 자라나는 것인데, 온갖 것에 관심을 가지고 열심히 적용하고 활용하는 청년의 시기라고 할 수 있어. 내 특성을 맘껏 펼치는 거야. 금金은 가을에 태양의 열기를 열매로 거둬들이는 것으로, 장년의 시기에 지금껏 배우고 익힌 것을 바탕으로 성과를 내는 모습을 떠올리면 돼. 수水는 겨울에 씨앗이 눈 속에 숨어 있는 것인데, 노년의 시기에 은퇴하여 다시 자신을 되돌아보고 정리하는 모습에 가까워. 여기서 중요한 것은 끝을 마냥 기다리는 게 아니라 새롭게 삶을 설계하며 지내는 시간이라는 거야.

하늘 우와, 정말 사람의 인생이 오행과 비슷하네요. 봄木과 여름火이 양(陽)의 기운이고 가을金과 겨울水이 음(陰)의 기운이고요. 그런데 그림에서 흙인 토土는 무슨 일을 해요?

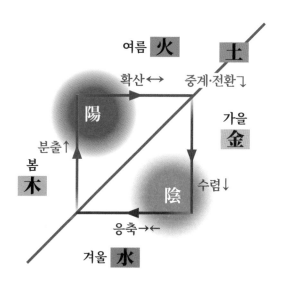

가은맘 음과 양의 성격을 떠올리며 다시 토 土 의 위치를 살펴보렴. 봄을 상
징하는 목 木 과 여름을 상징하는 화 火 는 양의 흐름에 속하고, 가을
을 상징하는 금 金 과 겨울을 상징하는 수 水 는 음의 흐름에 속해. 이
렇게 음과 양으로 서로 반대되는 것들의 흐름을 가운데서 중계·전환
시켜 이어 주는 역할을 하는 것이 토 土 야. 이를테면 봄·여름에 동남
쪽에서 불어오는 따스하고 무덥던 바람이 가을·겨울에 서북쪽에서 불
어오는 시원하고 차가운 바람으로 바뀌는 환절기라고 할 수 있어. 인
생에 있어서는 활기와 열정이 넘치던 청년기를 지나 사회에서 중책을
담당하는 장년기로 넘어가는 과도기야. 이해가 가니?

하늘 네! 중계·전환해 주는 토 土 의 역할도 매우 중요하겠군요.

가은맘 그렇지. 음양오행에 대한 이 정도의 상식만 가지고도 사람의 성격을
알 수 있어.

가은 사람의 성격까지 알 수 있다고요?

가은맘 사람은 누구나 태어날 때 음과 양의 기운을 가지고 태어나거든. 자신
의 끼를 활발하게 펼치며 경쾌한 춤과 음악을 하는 아이돌 가수는 목
木 과 화 火 의 기운이 많아. 역시 성격에서도 직선적이고 급하며 떠
벌리기 좋아하고 내실보다 겉치레를 추구하는 아이들은 목 木 과 화
火 의 특성 때문에 그래. 그래서 양의 기운을 많이 가지고 있는 사람
이 음의 기운을 많이 가지고 있는 사람보다 훨씬 더 활달한데 그 때문

에 또 경솔한 면이 있다고 볼 수 있어.

하늘   일리가 있는 것 같아요. 다른 것들도 알려 주세요.

가은맘 금 金 과 수 水 가 많은 사람은 말이 적고 침착해. 종종 애늙은이 소리
를 듣는 아이들이 그런 부류에 속하는데, 과묵한 것은 좋지만 말이 없
으니 부모 입장에서는 답답하게 느껴질 수도 있어. 토 土 는 목 木 ·화
火 와 금 金 ·수 水 의 중간에서 조절하는 특성이 있어 한쪽으로 개성
을 뚜렷이 나타내지 않는 양면성이 있다고 보면 될 거야. 이제 차 한
잔 마시고 그 나머지 원리를 간단히 설명해 줄게.

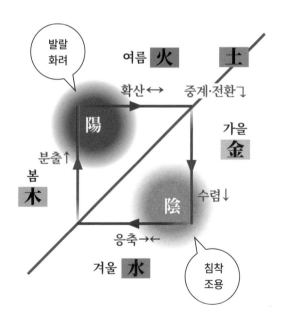

<u>2강</u>

기운은 서로 관계를 맺는다

국화차를 마시며 사람의 성격과 오행을 연결해 이런저런 이야기를 하다 보니, 아이들이 제법 진지하게 흥미를 보였다. 오행 이야기가 재미있냐고 물으니, 그렇다고 한다. 눈을 반짝이며 이야기를 듣는 아이들이 마냥 예뻐 보여 가은이에게 스케치북을 가져오라고 했다. 봄·여름·가을·겨울인 오행의 상생·상극을 설명해 주기 위해서다. 스케치북에 동그라미를 그리고 가운데 물결그림을 그리니, 아이들이 무언가를 알아챈 듯한 표정을 지었다.

가은　엄마! 이 태극 그림은 태극기에 있는 것과 같
　　　은 건가요?

가은맘　그래. 이게 사주의 원리를 설명하는 데 도움
　　　이 되거든. 태극은 세상이 반대되는 에너지인
　　　음(陰)과 양(陽)으로 나눠진 것을 표시한 거야.
　　　음이 양이 되고, 양이 음이 되면서 순환하거든. 아래 그림은 오행이 어
　　　떻게 태극처럼 순환하며 돌아가는지를 나타낸 거야.

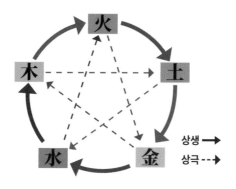

하늘　결국 태극이 이렇게 오행으로 돌아간다는 거지요?

가은맘　맞아. 그중에서도 동그라미를 그리는 실선의 화살표들을 상생이라고
　　　해. 서로 생해 주고 도와준다는 뜻이지. 쉽게 이해하려면, 물 水 을 빨
　　　아들여 나무 木 가 자라고, 나무를 태우며 불 火 이 타오르고, 불이 타
　　　고 나면 재가 남아 흙 土 이 되고, 흙이 딱딱하게 굳으면 단단한 광물

질 金이 되며, 그 광물질에 스며드는 물이 고여 지하수 水가 되고, 그
지하수를 먹고 나무 木가 자라니, 이것이 상생 관계에 관한 설명이야.

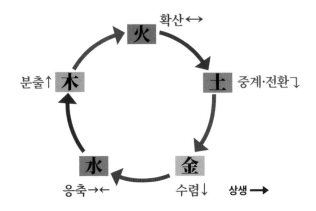

가은   아, 그렇구나! 연결되면서 돌고 도는 게 정말 신기하네.

가은맘   더 신기한 건 지금부터야. 목 木·화 火·토 土·금 金·수 水의 다섯 가
         지 기운은 서로 낳아 주고 도와주며 자연스럽게 이어지는 상생으로만
         연결된 것이 아니야. 서로를 제어하고 억누르는 관계도 있는데, 그것
         도 절묘하게 맞아떨어져. 그걸 상극이라고 하거든.

가은   그러면 상극은 뭐예요?

가은맘   상극도 마찬가지로 오행이 서로 이어지며 돌고 도는 거야. 다음 그림
         에서 별 모양의 화살표가 보이지? 한쪽이 다른 한쪽을 정복해서 마음
         대로 조종하려고 하는 것이 상극 관계야. 이것도 이렇게 이해하면 쉬

워. 물水은 불火을 끄고, 불은 쇠金를 녹이며, 쇠로 만든 도끼는 나무木를 쪼개고, 나무는 땅土을 뚫고 들어가 뿌리를 내리며, 흙을 쌓아 만든 제방은 물길水을 막으니, 이것이 상극 관계라는 거야.

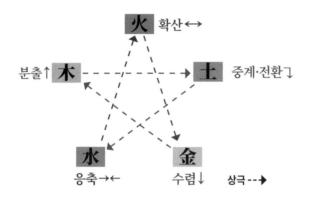

하늘 상생과 상극은 매우 신기하네요! 그런데 이것들이 이렇게 다섯 단계의 순서로 이어지는 데 특별한 이유가 있나요?

가은맘 방금 이야기한 것처럼 자연의 변화는 상생과 상극의 법칙으로 돌아가거든. 자세히 보면 사람의 삶에도 똑같이 상생과 상극의 법칙이 있으니, 그것을 가장 간단하게 설명하기 위함이야.

가은 조금 더 쉽게 설명해 주세요.

가은맘 세상에는 다양한 것들이 한데 뭉쳐 복잡하게 섞여 있지. 하지만 자세히 들여다보면 모두 나 자신과의 상관관계 속에 있어. 그런데 그 복잡한 관계들은 오행의 상생과 상극으로 간단하게 정리할 수도 있거든. 생각해 보렴. 누구에게나 엄마처럼 나를 도와주는 것들이 있고, 형제나 친구처럼 나와 함께하며 경쟁하는 것들이 있으며, 자식처럼 내가 도와주어야 하는 것들이 있고, 돈처럼 내가 마음대로 하고 싶어 하는 것들이 있으며, 학교의 선생님처럼 나를 통제하려는 것들이 있어. 이런 관계들이 상생과 상극으로 서로 연결된다는 걸 이해할 수 있어야 돼. 이렇게 세상 모든 것들을 자신과 상생 혹은 상극 관계로 분류해서 설명할 수 있기 때문에 사람의 삶을 오행으로 풀이할 수 있다는 거야.

하늘 알 듯 말 듯 해요. 다시 한 번 설명해 주세요.

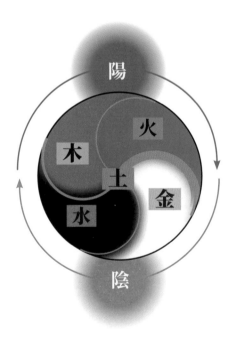

태극으로 보는 오행의 변화

가은맘 태극이 음양으로 나눠지고, 음양이 다시 목木·화火·토土·금金· 수水로 나눠지는 것부터 간단하게 설명할게. 왼쪽 그림은 앞에서 설명한 그림을 종합해 놓은 것이야. 태극 속의 음과 양이 순환하는 것을 오행의 상생과 상극으로 표시한 거지. 태극처럼 세상은 오행의 요소들이 서로 뒤엉켜 돌아가거든. 우리가 지금 이야기하는 명리는 순환하는 태극 가운데 각자의 삶이 있으니, 오행의 상관관계를 따져 그 인생이 어떻게 될지 살펴보는 거란다. 여기서 하나 기억해야 할 부분을 짚고 넘어가자면 그것은 토土야. 계절로 보면 여름火은 늦여름土을 거쳐 가을金로 이어지면서 겨울水로 가지만, 겨울水은 바로 봄木을 통해 여름火으로 가는 것이란다.

하늘 토土는 여름火에서 가을金·겨울水로 갈 때만 필요한가요? 계절이 바뀌는 건 똑같은데, 음에서 양으로 가는 것과 양에서 음으로 가는 것에 차이가 있어서 그런 건가요?

가은맘 좋은 질문이야. 하늘아, 가은아, 너희들도 멋진 어른으로 커서 계속 청춘을 누리면서 살고 싶지? 나이 들어 힘없이 늙어 가고 싶진 않잖아.

가은 당연히 계속 늙지 않고 싶죠.

하늘 맞아요. 저도요.

가은맘 바로 거기에 답이 있단다. 목木과 화火는 사람으로 본다면 자라나

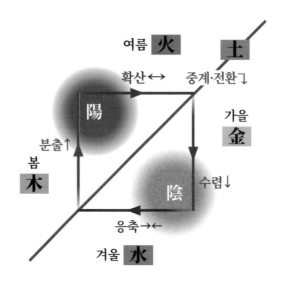

서 활짝 펼치는 것이야. 나무로 봐도 싹이 나서 무성해지는 것이 목木 과 화火잖니? 사람의 마음이 그렇듯 자연의 모든 것들이 화려한 청 춘인 화火에서 장년과 노년의 금金과 수水로 넘어가지 않으려고 하거든. 그래서 넘어가도록 중계하여 전환시켜 주는 것이 필요한데, 그것이 바로 토土란다.

하늘 네, 우리가 자주 쓰는 기분 전환이나 분위기 전환이란 말처럼 나쁜 쪽 에서 좋은 쪽으로 바꾸려는 것은 자연스럽게 원하는 것이지만 그렇지 않은 상황은 억지로라도 조정해야 된다는 거죠? 그 역할을 바로 토土 가 한다는 거고요.

가은맘 맞아. 아주 잘 이해했구나!

하늘 토 土가 있어 다섯 가지 기운이 서로 돌고 돌 수 있다는 건 이제 이해가 됐어요. 그런데 왜 꼭 다섯 단계로 흘러가야 하는 거죠?

가은맘 음양이 오행으로 나뉜 데에는 다 이유가 있어. 상생을 의미하는 동그라미의 순환은 굳이 다섯 단계가 아니어도 계속 이어질 수 있지. 하지만 상극을 의미하는 별의 순환은 다섯 단계로 이어질 때 계속 끝없이 순환할 수 있어.

하늘 상극의 다섯 단계가 무한히 순환한다는 거죠?

가은맘 태어나면 반드시 사라지고 사라지면 또 생기는 것이 자연의 법칙이잖니. 그렇게 우리의 삶도 순환하기 때문에 오행의 상생과 상극을 통해 삶의 앞날을 예견할 수 있는 거란다. 이러한 자연의 법칙을 사람에게 적용시키는 것이 사주명리학이야.

하늘 사주명리학은 우리의 삶처럼 자연의 한 부분이네요.

가은맘 그래, 다시 정리해 보자. 우리의 삶과 관련된 모든 것을 오행으로 나눌 수 있고, 그렇게 흘러가는 것이 상생과 상극에 따라 생장하고 소멸하니, 우리가 태어난 연·월·일·시를 가지고 운명을 유추해 볼 수 있는 거란다. 알겠지!

3강

궁금한 것은
사주에 다 있다

아이들이 골똘한 표정으로 집중하여 음양오행에 관한 이야기를 듣는 것을 보니 기분이 좋다. 음양오행이 무엇인지, 또 상생·상극이 어떤 것인지 잘 알았으니 이제는 본격적으로 그것을 사람의 인생에 적용하는 법을 알려 줄 차례다. 음양오행을 이해한다면 사람의 운명도 어렵지 않게 예측할 수 있다. 자신이 태어난 날의 오행을 기준으로 음양오행에 있는 상생·상극의 법칙을 적용해 살펴보기만 하면 되기 때문이다.

하늘   다섯 기운인 오행과 상생·상극을 이해했어요. 그런데 이걸로 사람의
          인생을 어떻게 예측하죠?

가은맘 기본 법칙은 매우 간단해. 앞에서 자신과 세상 전체와의 관계를 다섯
          가지의 흐름(五行)으로 분류했었지? 세상 전체를 오행이라고 할 때,
          그 가운데는 당연히 자기 자신을 상징하는 오행도 있겠지. 사람의 운
          명은 자신의 오행을 중심에 놓고 그 나머지 오행들과의 상생·상극 관
          계를 따져 봐서 예측할 수 있어.

가은   아, 그래서 엄마가 누군 '나무'니 누군 '물'이니 했던 거구나.

가은맘 맞아. 먼저 자신을 상징하는 오행을 찾고, 전체적으로 어떤 오행이 있
          고 없는지를 보는 거야. 그리고 오행들의 상생·상극 관계를 따져 정리
          해 보면 돼. 그러면 그 관계에 따라 각 오행들의 생장과 소멸도 살펴볼
          수 있지.

하늘   그렇군요. 자기 자신이 어떤 오행인지가 가장 중요하겠네요.

가은맘 바로 그거야. 자기 자신을 중심으로 오행을 나누고 정리한 것을 육
          친[1]이라고 하는데, 이것을 가지고 운명을 알 수 있어. 가령 하늘이가
          목 木 이라면, 그 목 木 을 낳아 주는 것이 물 水 이야. 그래서 하늘이

---

[1] 자신의 오행을 기준으로 상생·상극에 따라 세상과의 관계를 규정한 것을 육친(六親)이라고 한다. 자기 자신과 오행을 합해 여섯
가지이며 각기 형제·재주·재물 등을 상징한다.

에게 수 水 가 있으면 그건 어머니·공부·문서를 상징해. 물 水 이 나무 木 를 낳고, 나무 木 가 불 火 을 낳는다고 한 거 기억하니? 목 木 인 하늘이에게 불 火 이 있으면 그 불 火 은 하늘이가 내놓은 것이기 때문에 재주라고 보는 거야. 그런 식으로 관계를 따져 보면, 아래의 그림처럼 어머니·공부·재주·자식·아버지·재물·배우자·직장 등으로 나머지 오행을 정리할 수 있어.

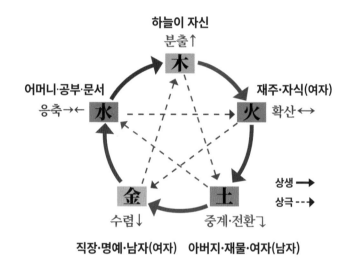

하늘   어떻게 화 火 가 재주와 자식이 될 수 있나요?

가은맘   그 관계를 생각해 보면 돼. 상생은 생해 주고, 만들어 주고, 낳아 주는 것이라 했지? 하늘이 네가 무언가를 잘 만들어 낸다면 그런 걸 '재주가 있다.'고 하는데, 그건 네 안에 네가 표현하고 만들어 내고 싶은 욕구가 강하게 있기 때문이야. 또한 무언가를 만들어 낼 수 있는 힘이 있다는 뜻이기도 하고. 이렇듯 나무 木 가 바탕이 되어 불 火 이 타오르는 것처럼, 상생의 원리에 따라 목 木 에서 나오는 화 火 의 기운이 있을 때, 재주가 있다고 해. 이때의 재주는 네가 만들어서 내놓는 것이기 때문에 네게서 뻗어 나와 뭔가를 만들어 내는 팔다리는 물론 생산의 토대가 되는 공장이나 논밭까지 상징할 수 있어. 마찬가지로 여자에게 자신이 낳아 주는 오행은 자식이 되는 거야.

하늘 예! 그렇게 보는 거였군요. 알겠어요. 그런데 목 木 인 내가 극하는 오행인 토 土 에 대해 재물이라고 하면서 또 아버지라고 하는 것은 이해가 되지 않아요.

가은맘 극한다는 말이 낯설게 느껴질 수 있는데, 극한다는 것은 내가 조정해서 마음대로 하고 싶어 한다는 뜻이야. 너희들은 사람들이 가장 많이 얻고 싶어 하고, 또 자기 마음대로 조정하고 싶어 하는 것이 뭐라고 생각하니?

가은 혹시 돈인가요?

가은맘 맞아. 그래서 내가 극하는 것을 재물이라고 하는 거야. 지금은 여자들도 돈을 벌지만 옛날에는 대부분 남자들이 경제활동을 했어. 또 가정에서는 집안을 경제적으로 책임지는 가장이 아버지였기 때문에 내가 극하는 오행을 명리에서는 재물로도 보고 아버지라고 보기도 하는 거야. 또한 이것은 남자에겐 여자친구나 부인을 상징하기도 해.

하늘　재미있어요. 목 木 을 기준으로 하면, 수 水 가 목 木 을 낳아 주기 때문에 수 水 를 엄마라고 한다는 거지요?

가은맘　그렇지! 그렇게 나누며 관계를 따지는 거야.

하늘　그런데 수 水 가 또 어떻게 공부가 되나요?

가은맘　어머니가 너를 낳아서 키워 주었듯이, 공부는 정신적으로 너를 성장시켜 주기 때문이야. 어머니는 직접 몸을 낳아 주는 분이고, 공부를 해서 똑똑해지는 것은 정신이 성장하는 것이지. 또 공부를 하면 문서를 다룰 줄 알게 되기 때문에 공부의 연장선에서 문서라고도 하는 거야.

가은　그러면 목 木 인 하늘이를 극하는 금 金 이 남자친구나 직장이 되는 것은 무엇 때문이에요?

가은맘　극을 당한다는 것은 내가 다듬어지고 통제를 받는 것이라고 보면 될 거야. 사람이 직장이나 명예 등의 통제나 제약이 있는 환경에 적응하며 사는 모습도 이와 같단다. 명예를 따지는 사람은 함부로 행동하지 않고, 직장이 있는 사람은 마음대로 하지 못하고 그 통제에 따라 살아야 하잖아. 그렇게 사는 것이 극을 당하는 것에 해당하는 거야. 또 그것이 여자에겐 남자친구나 배우자도 되는데, 그건 동물의 세계에서 수컷이 우위에 있는 것과 관계가 있어. 요즘의 시각으로 보면 불편할 수 있는데, 명리학이 만들어진 당시의 문화가 반영된 것이라는 점을 이해해야 돼.

하늘 남자에겐 자기 자신이 극하는 오행이 여자이고, 반대로 여자에겐 자기 자신을 극하는 오행이 남자인 것을 말씀하시는 거죠? 모든 관계는 상호적이니까요. 남자가 극하는 것이 여자라면, 여자의 입장에서는 자기 자신을 극하는 것이 남자겠지요. 정말 오행의 상생과 상극 안에는 살면서 맺게 되는 관계가 다 들어 있네요.

가은맘 그래서 오행을 가지고 사람의 운명을 알 수 있다고 하는 거야. 여기서도 계절이 변하듯이 오행은 멈춰 있는 것이 아니야. 언제나 일정하게 주기적으로 흘러가며 변하기 때문에 어느 쪽으로 흘러가느냐에 따라 어느 것은 강하게 되고 어느 것은 약하게 돼.

하늘 상생과 상극에 따라 어떤 것은 강하게 되고 어떤 것은 약하게 되면서 변한다는 말씀이시죠? 그래서 어떤 하나의 오행을 기준으로 다른 오행과의 상생과 상극 관계를 알면 사주를 볼 수 있다는 거구요.

가은맘 그렇지! 아까 그 그림에서 상생과 상극을 뜻하는 화살표를 찾아 봐. 하늘이를 목 木 이라고 하고, 오행의 순환에서 지금 한창 목 木 의 흐름에 있다고 하자. 그러면 상생에 의해 수 水 는 목 木 을 돕느라고 힘이 빠지고, 화 火 는 목 木 의 도움을 받아 힘이 생기겠지. 이에 비해 토 土 와 금 金 은 목 木 과 상극으로 정반대로 흐르고 있어 힘을 못 쓰겠지?

하늘 예. 이해가 돼요. 봄 木 의 힘을 받아 여름 火 이 오고, 여름의 힘이 꺾여 가을 金 과 겨울 水 이 오듯이 하나의 기운을 통해 다른 기운들이 생장하고 소멸하는 상태를 이제는 알 수 있을 것 같아요. 다섯 가지 기운이 어디로 흘러가고 있는지에 따라 무엇이 힘을 얻고 무엇이 힘을 잃는지 알겠어요.

가은맘 다섯 가지로 흘러가는 기운인 오행은 제각기 있는 게 아니라 서로의 관계 속에 모두 함께 오른쪽 그림처럼 얽혀 있어. 사람의 인생도 나 혼자만 있는 것이 아니라 나를 낳아 주고 키워 주는 부모, 내가 낳은 자식, 나의 곁에 있는 형제나 친구 및 동료, 나를 부리는 직장의 상사 등으로 복잡한 관계들을 이루고 있잖아. 그래서 이런 관계를 오행으로 정리해 보는 거야. 자기 자신의 오행을 기준으로 놓고, 나와 같은 오행은 형제나 친구·동료가 되고, 나머지 오행은 상생과 상극에 따라 어머니·자식·배우자·부와 명예 등이 되니, 그것들의 관계를 살피면 그 사람의 성격·적성·직업 등 모든 것이 어떻게 될지 알 수 있어.

⑥ 자기 자신

① 형제, 친구
⑤ 공부 어머니
② 재주
④ 직장, 명예
③ 재물, 아버지

자기 자신과 오행의 관계

운에 따라
몸도 마음도 변한다

운명을 다루는 명리의 기본은 사람이 태어난 시간이다. 그때의 연·월·일·시가 곧 사주팔자이기 때문이다. 연·월·일·시라는 네 개의 기둥마다 정신을 뜻하는 천간과 몸을 뜻하는 지지로 나뉘고, 또 그 자리에 들어가는 글자들마다 목(木)·화(火)·토(土)·금(金)·수(水)의 기운을 가지게 된다. 오행에서 10천간과 12지지가 나오는 것을 한 번에 모두 이해할 수는 없겠지만, 이 책을 계속 읽어 나가다 보면 익숙해지고 어렵지 않게 될 것이다.

가은맘   사주팔자라는 말은 '네 기둥 여덟 글자'라는 뜻이야. 이때 네 기둥은 사람이 태어난 연·월·일·시를 뜻해. 그리고 각 기둥은 위쪽에 천간 하나, 아래쪽에 지지 하나로 이루어져 있어. 옛날에는 천간과 지지를 짝 지어 연·월·일·시를 표시했거든. 무술년, 기해년 이런 식으로 말이야.

하늘   네, 그러면 연·월·일·시에 각각 천간 하나와 지지 하나가 있어 여덟 글자가 되네요. 천간과 지지는 음양오행과 무슨 관계가 있어요?

가은맘   10천간과 12지지는 오행을 하늘과 땅의 흐름에 따라 나눈 것이야. 기본적으로 목木·화火·토土·금金·수水의 오행을 다시 음양으로 나누는 거라고 보면 돼. 이때, 오행을 정신적인 기운(氣)의 흐름으로 세분한 것이 10천간이고, 물질적인 형질(質)의 흐름으로 세분한 것이 12지지야.

가은   왜 그렇게 복잡하게 나누어요?

가은맘   옛날 사람들이 천간과 지지를 항상 짝 지어서 생각한 데에는 이유가 있어. 모든 것들은 정신적인 기운(氣)과 물질적인 형질(質)로 이루어져 있다고 생각했기 때문이야. 사람을 예로 든다면, 마음과 몸으로 이루어져 있잖아. 만물이 모두 그렇다는 거야.

가은   잘 이해가 안 가요. 나무 같은 식물도 영혼이 있다고요?

하늘 식물들도 좋은 말이나 음악을 들려주면 잘 자란다는 말을 들어 본 적이 있어요. 사물에게도 영혼이 있어 그 영향을 받는다는 말씀을 하고 싶으신 거지요?

가은맘 그렇단다. 세상의 모든 것들은 영혼(기운)과 육체(형질)로 이루어져 있어. 그래서 일찍이 성현들께서 음양오행을 기운과 형질에 따라 정리해 놓으셨던 거야. 천간은 기운 곧 마음의 변화에 대한 것이고, 지지는 형질 곧 몸의 변화에 대한 것이지. 언제 태어났느냐에 따라 자신의 사주를 이루는 천간과 지지가 달라지고 이에 따라 몸과 마음이 다르게 된다는 거야.

하늘 10천간과 12지지에는 어떤 차이가 있나요?

가은맘 하늘의 기운인 천간은 별자리들이 직접 정신에 영향을 미치는 것이야. 간략히 설명하면, 10천간은 목木·화火·토土·금金·수水라는 오행을 양과 음으로 다시 나누어 이름을 붙인 거야. 목木을 양과 음으로 나누면 갑목甲과 을목乙이 되고, 화火를 양과 음으로 나누면 병화丙와 정화丁가 돼. 또 토土를 양과 음으로 나누면 무토戊와 기토己가 되고, 금金을 양과 음으로 나누면 경금庚과 신금辛이 돼. 마지막으로 수水를 양과 음으로 나누면 임수壬와 계수癸가 돼. 그래서 10천간이 되는 거지.

가은 어려워요. 한 번 더 설명해 주세요.

가은맘 수 水 에서 목 木 이 나온다는 거 기억하니? 같은 목 木 안에도 음양이 있는데, 앞부분이 양(陽)이고 뒷부분이 음(陰)이야. 수 水 의 응축에서 처음 나오는 양목인 갑목 甲 은 분출하는 힘이 강해 고집이 세고, 그 힘이 다소 약해진 음목인 을목 乙 은 부드러워 인간관계를 잘해. 양화인 병화 丙 는 태양의 빛처럼 세상 온갖 곳을 밝히기 위해 모든 일에 간섭하고, 음화인 정화 丁 는 빛이 쌓인 열기여서 어둠을 밝히는 촛불처럼 가슴이 따스해. 토 土 는 중계·전환하는 특성을 생각해 봐. 양에서 음으로 넘어갈 때 양토인 무토 戊 는 양의 끝에 있어 실행력이 강하고, 음토인 기토 己 는 음의 시작이라 조용히 드러나지 않게 있으면서 남모르게 모든 것을 처리해. 금 金 은 가을의 성격을 생각해 보렴. 양금인 경금 庚 은 태양의 열기를 수렴해서 결실을 맺어야 하기 때문에

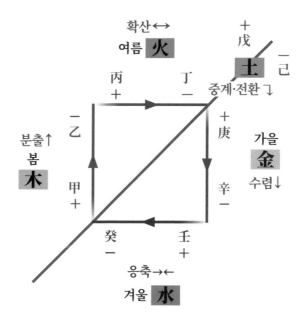

사람들을 호되게 다루는 특성이 있고, 음금인 신금 辛 은 마무리한 결과이기 때문에 상처받을까 싶어 무척 예민해. 수 水 는 응축하는 힘이라고 했지? 양수인 임수 壬 는 결과를 모아서 보관하는 것이어서 모아놓는 특성이 강해. 음수인 계수 癸 는 응축된 것이 목 木 을 통해 나아가려는 단계이기 때문에 언제나 할 말을 하고 절대 손해 보지 않으려고 해.

오행 (계절)	목(봄)		화(여름)		토(늦여름)		금(가을)		수(겨울)	
천간	갑(甲)	을(乙)	병(丙)	정(丁)	무(戊)	기(己)	경(庚)	신(辛)	임(壬)	계(癸)
	＋	－	＋	－	＋	－	＋	－	＋	－

하늘 목 木 ·화 火 ·토 土 ·금 金 ·수 水 가 다시 작은 음양으로 나뉘어 저마다의 특성이 있다는 거군요. 양(陽)인 오행은 상대적으로 강하고, 음(陰)인 오행은 상대적으로 부드럽고요. 지지도 그렇게 나눠지나요?

가은맘 지지의 경우도 천간과 비슷해. 오행을 똑같이 양과 음으로 나눈 것이거든. 다만 토 土 의 역할이 다른데, 기운으로서의 하늘과 형질로서의 땅은 변화의 특성이 다르기 때문이지. 곧 땅의 형질은 태양과 달의 기운이 몸에 영향을 미치는 것이기 때문이야.

하늘 무슨 말씀인가요?

가은맘 하늘의 기운은 변화가 쉽기 때문에 토 土 의 중계·전환이 목 木 ·화 火 의 양(陽)과 금 金 ·수 水 의 음(陰) 중간에 한 번만 개입하면 돼. 그런데 땅의 형질은 변화가 어려워 목 木 ·화 火 ·금 金 ·수 水 의 각 단계마다 개입해야 해.

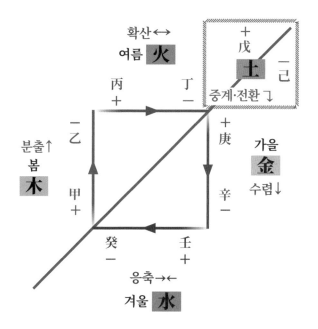

가은 엄마, 어려워요.

가은맘 좀 더 쉽게 설명해 줄게. 무더운 여름날이라고 해 보자. 방이 더워서 에어컨을 틀면 공기는 금방 시원해지지. 그러나 벽은 빨리 식지 않고 열기가 남아 있잖아. 공기를 기운으로 보고 벽을 형질로 보면, 공기는 변화가 쉽고 형질은 변화가 어렵기 때문이야. 위의 그림을 보면 천간

의 오행에서 토土가 목木·화火의 양(陽)과 금金·수水의 음(陰)
사이에 있잖아. 기운은 변화가 쉬워 그 중간에 한 번만 중계·전환해
주면 되기 때문이야.

하늘　　기운은 공기처럼 쉽게 변화하기 때문에 양(陽)에서 음(陰)으로 넘어갈
　　　　때만 토土의 도움이 필요하다는 말씀이지요?

가은맘　그렇지! 그런데 형질은 쉽게 변화하지 않기 때문에 목木·화火·금金·
　　　　수水의 각 단계마다 토土의 중계·전환이 필요해. 그래서 천간에는
　　　　토土가 한 번 필요한데, 지지에는 토土가 네 번 필요해. 목木·화火·
　　　　금金·수水가 양과 음으로 다시 나눠지고 중계·전환하기 위한 토

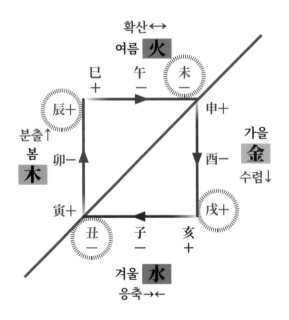

土가 매번 그림의 표시처럼 개입되어야 하는 거야. 음양으로 나눠졌을 때의 특성은 금방 앞에서 설명한 천간과 거의 비슷해.

하늘 　목木이 양목과 음목으로 나누어지고, 그런 부분 말씀이시죠?

가은맘 　그래. 천간에서 목木·화火·토土·금金·수水를 다시 양과 음으로 나누어 이름을 붙인 것처럼, 지지에서는 동물의 이름을 붙였어. 12지지인 자子·축丑·인寅·묘卯·진辰·사巳·오午·미未·신申·유酉·술戌·해亥는 들어 봤지? 지지에서는 목木이 양목인 인목寅과 음목인 묘목卯으로 나뉘는데, 그 특성은 갑목甲·을목乙과 비슷해. 화火는 양화인 사화巳와 음화인 오화午로 나뉘는데, 병화丙·정화丁와 그 성격이 비슷해. 그리고 금金은 양금인 신금申과 음금인 유금酉으로 나뉘는데 경금庚·신금辛과 성격이 비슷해. 마지막으로 수水는 양수인 해수亥와 음수인 자수子로 나뉘는데, 임수壬·계수癸와 성격이 비슷해. 다만 여기서 중계·전환해 주는 토土의 음양은 다소 복잡하니, 다음에 기회가 될 때 설명해 줄게. 지금은 아래의 표만 살펴보면 돼.

오행 (계절)	겨울水			봄木			여름火			가을金		
지지	해亥	자子	축丑	인寅	묘卯	진辰	사巳	오午	미未	신申	유酉	술戌
	＋	－	－	＋	－	＋	＋	－	－	＋	－	＋

5강

음양의 조화가 중요하다

10천간 12지지에 대한 이야기만 하고 대화를 마무리하려고 했는데, 하늘이가 더 깊은 부분까지 관심을 보여 자세히 설명하게 되었다. 마지막 주제는 천간과 지지의 음양에 따른 사주 해석의 차이다. 본인을 뜻하는 태어난 날의 천간이 음인지 양인지도 중요하지만, 함께 들어오는 기운들의 음양에 따라 공부 방향이나 남녀 관계 등이 달라질 수 있으니 잘 알아 두면 좋다. 핸드폰 만세력으로 아무 사주나 샘플로 뽑고, 그것을 설명하기 위해 맞물려 돌아가는 톱니바퀴들을 그려 놓고 설명을 이어 갔다.

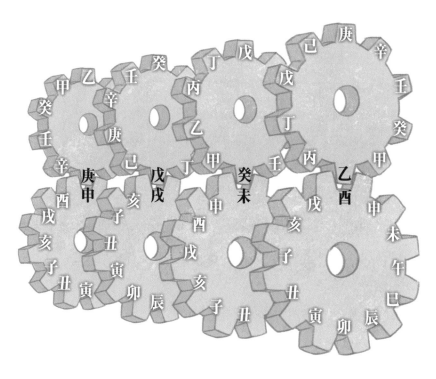

시의 간지 자식 자리	일의 간지 자신·배우자 자리	월의 간지 부모·형제 자리	연의 간지 조상 자리	
庚 경금	戊 무토	癸 계수	乙 을목	천간
申 신금	戌 술토	未 미토	酉 유금	지지

하늘 　이 그림은 네 기둥 여덟글자를 만들어 내는 톱니바퀴들이네요. 지금
　　　까지 배운 것을 제가 한번 정리해 볼게요. 옛날 사람들은 사람이 태어
　　　난 연·월·일·시의 천간과 지지 여덟 글자로 사람의 기질과 삶의 방향
　　　을 알 수 있다고 생각했다는 거죠?

가은맘 그렇지. 갑자·을축·병인·정묘 등의 60갑자는 10천간과 12지지가 순환하면서 결합하는 것을 표시한 상징적인 기호야. 천지는 기운과 형질에 따라 60갑자로 순환하며 변화한다는 뜻이야. 예를 들어, 갑자년이 다시 갑자년으로 돌아오는 데 60년이 걸려. 그리고 사람이 태어난 연·월·일·시를 60갑자로 표시할 때, 그것이 오행의 기호이기 때문에 상생·상극의 법칙을 가지고 사람의 운명을 알 수 있다는 거야.

하늘 알겠어요. 그런데 질문이 있어요. 오행만 가지고 상생·상극의 관계를 따질 때와 10천간과 12지지로 따질 때는 다르겠네요?

가은맘 그래 맞아. 어떻게 거기까지 생각을 했지?

하늘 천간에서나 지지에서나 오행에 음양이 들어가면, 목 木 의 경우 천간에서는 양목인 갑목 甲 과 음목인 을목 乙 으로 나뉘고 지지에서도 양목인 인목 寅 과 음목인 묘목 卯 으로 나눠지니, 음양 때문에 그 관계가 달라질 거라고 생각한 거예요.

가은맘 사실 사주를 볼 때 음양의 조화가 매우 중요하거든. 명리는 태어난 날의 천간 곧 자기 자신을 기준으로 연·월·일·시의 오행을 나누고 그 음양을 따져 어울림을 살펴보기 때문이야. 그러니 아주 질문을 잘한 거야.

가은 어떻게 따지는 건지 예를 들어 주세요.

가은맘 오행에 따라 육친을 나누었던 거 기억하니? 아마도 제일 관심이 많은 영역일 테니, 남자친구부터 보자. 너희들 나중에 남자친구를 사귀게 된다면 남자다운 남자를 만나고 싶겠지?

가은 당연하죠!

가은맘 천간과 지지를 합쳐 간지라고 하는데, 간지의 음양 관계를 통해 인간 관계를 설명하려고 물어본 거야. 말했다시피 사주에서는 태어난 날의 천간이 자기 자신을 상징하거든. 그것을 일(日)의 천간이라는 의미로 일간이라고 하는데, 일간과 나머지 간지들과의 음양 관계가 참 중요해. 음양이 서로 다르면 조화를 이룬 것이어서 청춘남녀가 만나 좋아하듯이 착 달라붙고, 음양이 서로 같은 간지끼리는 조화를 이루지 못해서 그 관계가 무덤덤하거나 삐걱거려.

하늘 음양이 같으면 관계가 좋을 수 없는 건가요?

가은맘 그렇지. 아무래도 음과 음 또는 양과 양이 만나면 조화를 이루기 어려워. 이를테면 양목인 갑목 甲 남성에게는 자신인 나무 木 가 극하는 토 土 가 여자친구잖니. 이때 음토인 기토 己 여성을 만나면 서로 좋아하며 착 달라붙겠지. 반대로 같은 토 土 라고 해도 양토인 무토 戊 여성을 만나면 그렇지 못해. 마치 자석이 플러스는 플러스끼리, 마이너스는 마이너스끼리 서로 밀어내고, 플러스와 마이너스는 서로 조화를 이루어 끌어당기는 것과 같다고 보면 돼. 마찬가지로 음목인 을목

乙 여성에게는 자신인 목 木 을 극하는 금 金 이 남자친구인데, 같은 음의 기운을 가진 신금 辛 남성보다는 양의 기운을 가진 경금 庚 남성을 만나야 즐겁고 좋은 관계가 오래도록 잘 유지돼. 다시 말해 육친에서 자기 자신과의 음양의 조화가 양과 양 또는 음과 음끼리 만나면 서로 어긋나서 오래 지속되기가 어렵고, 음과 양 또는 양과 음으로 만나면 조화를 이뤄 그 관계가 계속 좋게 유지돼.

가은　　일간과 음양이 서로 달라야 좋고, 그렇지 않으면 별로라는 거죠?

가은맘　그래 맞아. 이걸 공부의 오행에도 적용할 수 있어. 공부의 오행을 살펴봤을 때 자기 자신과 음양이 서로 다르면 문과나 상경계가 잘 맞고, 그렇지 않으면 이공계로 가는 게 좋아.

하늘　　그래요? 왜 그런 건가요?

가은맘　자기 자신을 낳아 주는 오행이 공부의 오행이라고 했지? 공부의 오행이 자기 자신인 일간과 양과 양 또는 음과 음으로 있으면 한쪽으로 몰려 있는 것이라서 집중력이 좋아. 반면에 양과 음으로 조화롭게 되어 있으면, 집중력보다는 다양한 사고를 할 수 있어.

가은　　엄청 신기해요. 엄마, 다른 것들에 대해서도 알려 주세요.

가은맘　재주의 오행을 볼까? 자기 자신을 상징하는 일간이 낳아 주는 오행이 재주의 오행이라고 했지? 재주의 오행이 일간과 양과 음 또는 음과 양으로 되어 있으면 기술이나 예체능 계통에서 재주를 부릴 때 기교를 섞어 아주 화려하게 펼칠 수 있어. 하지만 양과 양 또는 음과 음으로 되어 있으면 재주는 뛰어나도 기교는 적어.

하늘 일간을 극하는 직장과의 관계에 대해서도 말씀해 주세요.

가은맘 직장의 오행을 봤을 때 음양의 조화가 있으면 안정된 직장에서 오래도록 근무할 수 있어. 반대로 음양의 조화가 없으면 힘들고 거친 직장에 근무하거나 직장에 대한 애착이 없어 이동이 잦아.

하늘 아, 알겠어요. 음양의 조화가 그렇게 중요한 거네요!

가은맘 여기까지 이해했다면 이제 음양오행을 이해해서 사주를 보는 건 거의 식은 죽 먹기야.

가은 그렇게 쉽다고요?

가은맘 궁금한 것이 있다면, 먼저 너희들 사주에서 태어난 날의 천간인 자기 자신을 기준으로 공부나 직장·배우자·재물 등을 분류하고 그것들이 운에서 어떻게 흘러가는지를 보면 돼. 운은 해마다 흘러가는 세운과 10년마다 흘러가는 대운이 있어.

하늘　운에서 잘 흘러가는지는 어떻게 알죠?

가은맘　하늘이는 목 木 이니 재물운을 알고 싶다면, 재물에 해당하는 토 土 를 찾아야 해. 그리고 먼저 그 토 土 가 자기 자신의 음양과 조화를 이루는지 살피고, 또 운에서 힘을 받고 있는지 그렇지 않은지 살피는 거야.

가은　음양의 조화에 따라 어떻게 달라지지요?

가은맘　음양의 조화를 이루면 일정하게 고정적인 돈을 벌려고 하고, 그렇지 않으면 한꺼번에 많은 돈을 벌려고 해.

하늘　운이 잘 흘러갈 때 음양의 조화를 이루는 것과 이루지 않은 것이 서로 무슨 차이가 있나요?

가은맘　음양의 조화를 이루면 고정적인 돈이 들어오니 직장 생활에서 월급을 많이 받는 정도야. 음양의 조화를 이루지 못하면 사업이나 장사로 목돈을 잘 버는 것이니 큰 부자가 될 수 있어.

가은　그럼 운이 잘 흘러가지 않을 때는요?

가은맘　음양의 조화를 이루면 월급이 적더라도 절약해서 고생이 덜하고, 음양의 조화를 이루지 못하면 돈을 함부로 다뤄 무척 고생해. 이 정도면 기초 공부는 거의 끝난 것으로 봐도 돼. 나머지는 다음에 또 설명해 줄게.

자기 자신을 중심으로
오행의 상생·상극을 따지면 세상과의 관계(육친)를 구분할 수 있다.

1. 갑목[甲]이나 을목[乙] 일간의 육친

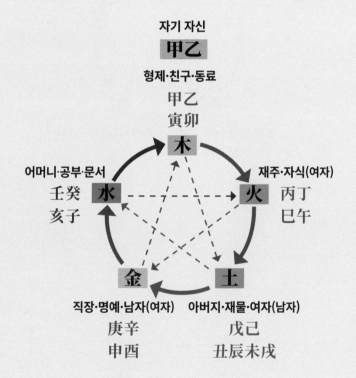

2. 병화[丙]나 정화[丁] 일간의 육친

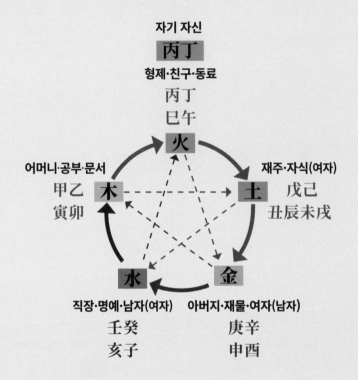

3. 무토[戊]나 기토[己] 일간의 육친

자기 자신
戊己

형제·친구·동료
戊己
丑辰未戌

土

어머니·공부·문서
丙丁
巳午
火

재주·자식(여자)
庚辛
申酉
金

직장·명예·남자(여자)
甲乙
寅卯
木

아버지·재물·여자(남자)
壬癸
亥子
水

4. 경금[庚]이나 신금[辛] 일간의 육친

자기 자신
庚辛

형제·친구·동료
庚辛
申酉
金

재주·자식(여자)
水 壬癸
亥子

어머니·공부·문서
戊己 土
丑辰未戌

직장·명예·남자(여자)
火
丙丁
巳午

아버지·재물·여자(남자)
木
甲乙
寅卯

5. 임수[壬]나 계수[癸] 일간의 육친

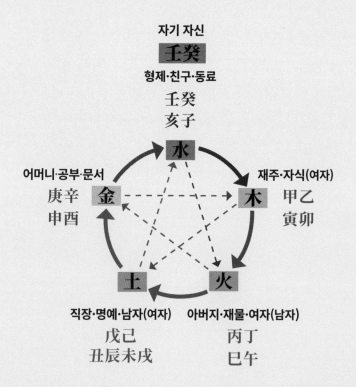

자기 자신
壬癸

형제·친구·동료
壬癸
亥子

어머니·공부·문서
庚辛
申酉

재주·자식(여자)
甲乙
寅卯

직장·명예·남자(여자)
戊己
丑辰未戌

아버지·재물·여자(남자)
丙丁
巳午

水
金
木
土
火

태어난 연·월·일·시만 알면 특별히 심리학을 전공하지 않아도,
성격 검사를 받아보지 않아도 그 사람의 성격과 특성을
쉽게 파악할 수 있다. 그 열쇠가 바로 오행을 하늘과 땅에
적용한 10천간과 12지지에 있다. 이것을 잘 이해하면
사람을 깊이 있게 이해하고 모든 인간관계들을 보다 쉽게
풀어 갈 수 있다. 이제부터 신비의 베일을 벗겨 보자.

2부

상식에 도움이 되는
10천간과 12지지

1강

10천간의 특성

「해송학당」 고급반에 다니는 하쌤이 걱정이 가득한 얼굴로 학당에 찾아왔다. 하쌤은 20년 넘게 공부방을 운영하고 있는데, 한 학생이 욱하는 성질로 친구들과 자주 싸우는 것 때문에 고민이라고 했다. 그런데 사람의 성격과 특성은 간지의 특성만 알아도 파악할 수 있는 부분이다. 그래서 함께 간지에 대한 이야기로 그 아이의 성격을 풀어 보기로 했다.

하쌤 선생님, 그거 기억나세요? 작년에 제가 여쭤본 한 학생에 대해 '욱 하는 성질을 조심하지 않으면 학교 다니기 어렵다.'고 하셨잖아요. 그 학생은 화를 참지 못해 벌써 몇 번이나 이 학교 저 학교로 옮겨 다니면서 싸우고 대들어 말썽이 끊이지 않았거든요. 요즘에는 학교를 더 이상 다니지 않고 검정고시를 준비한다고 집에 있어요. 선생님께서는 '네 기둥 여덟 글자(사주)'만 보고 그 학생의 특성을 파악하신 거잖아요? 너무 신기했어요.

해송 그 학생의 사주가 어땠지요?

하쌤 자기 자신을 상징하는 천간은 음수인 계수 癸 인데, 월의 자리에 천간과 지지 모두 양목인 갑인 甲寅 이 있는 걸 보고 그때 선생님께서 한말씀하셨어요.

해송 허허, 욱 하는 성질이 셀 수밖에 없군요. 사주를 구성하는 여덟 글자는 천간과 지지로 구성되어 있어요. 천간과 지지는 모두 오행을 양과 음으로 양분한 것이고요. 그래서 간지의 특성을 제대로 이해하면, 사람의 성격을 바로 알 수 있어요. 오행에서 목 木 은 분출(↑)이고, 화 火 는 확산(↔)이며, 토 土 는 중계·전환(↘)이고, 금 金 은 수렴(↓)이며, 수 水 는 응축(→←)이잖아요.

하쌤 네. 그런데 일간이 음의 기운을 가진 계수 癸 면 얌전하고 차분한 성격일 것 같잖아요.

해송　쉽게 설명해 볼게요. 천간은 목 木 의 분출(↑)과 화 火 의 확산(↔)이 토 土 의 중계·전환(↴)을 통해 금 金 의 수렴(↓)과 수 水 의 응축(→←)으로 이어지며 계속 순환하는 거잖아요. 이것들을 양분하면 앞에 있는 것이 양이고 뒤에 있는 것이 음인데, 같은 오행일지라도 그 특성이 다음의 표처럼 아주 판이하게 달라집니다.

오행	천간		특성
목(봄)	갑(甲)	＋	분출이 너무 강해 거침. 나무뿌리와 기둥. 기발한 생각.
	을(乙)	－	분출이 약해져 부드러움. 가지와 잎. 말재주. 장식.
화(여름)	병(丙)	＋	확산이 강해 모든 곳으로 뻗어 나감. 태양의 빛. 오지랖 넓음.
	정(丁)	－	확산이 약해지면서 그 열기가 쌓여 빛을 냄. 촛불. 봉사. 종교단체.
토(늦여름)	무(戊)	＋	양기를 음기로 중계·전환하는 시작. 피부 좋음. 시끄러움. 실행력.
	기(己)	－	중계·전환의 끝. 참석은 잘하지만 조용히 있음. 차분하고 신중함.
금(가을)	경(庚)	＋	수렴의 시작이라 양기를 거칠게 거둬들임. 풋과일. 무력(도끼).
	신(辛)	－	수렴의 끝이라 양기를 갈무리. 익은 과일. 분리(면도칼). 명품.
수(겨울)	임(壬)	＋	응축의 시작이라 모든 것을 받아들임. 강과 바다로 내려오는 물.
	계(癸)	－	응축의 끝이라 도리어 터져 나옴. 나무를 타고 올라가는 물.

하쌤　하나하나 자세히 설명해 주세요.

해송　10천간은 다섯 흐름인 오행을 양과 음으로 양분한 것입니다. 그래서 분출하는 목木에서도 처음 튀어나와 힘이 센 부분이 있고, 그 분출의 힘이 꺾이는 부분이 있지요. 목木은 처음 아주 거칠게 분출하는 갑목甲과 분출이 다소 누그러져 부드러운 을목乙으로 나눠집니다. 양목인 갑甲은 나무의 뿌리와 기둥으로, 음목인 을乙은 가지와 잎으로 보면 될 것입니다. 갑甲은 단단하게 버티고 있어 어떤 바람이 불어도 자신의 생각을 지키는 것이고, 을乙은 바람이 불면 부는 그대로 부드럽게 처신하며 지내는 것입니다. 갑甲은 거칠게 분출하는 특성 때문에 마음에 들지 않는 것이 있으면 바로 덤비면서 따지고, 을乙은 부드러운 특성 때문에 사람들과 생각이 다를지라도 상대의 기분에 맞춰 동조합니다. 갑甲은 무엇을 세우는 특성이 강해 개발·건축·토목과

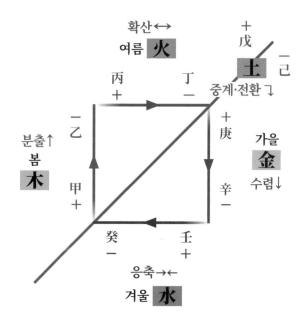

같은 일에 적합하고, 을乙은 위로 자라기보다 꾸미는 특성이 강해 언론·방송·교육·영업·인테리어와 같은 일에 적합합니다.

하쌤   선생님, 그래서 앞에 나온 계수癸 학생은 양목인 갑인甲寅이 위아래로 있어 욱하는 성질이 있는 거군요?

해송   맞아요. 그 학생이 다른 학생들과 자주 싸우고 선생님들께 자꾸 대드는 것은 월의 기둥에 갑인甲寅이 있기 때문입니다. 양목인 갑목甲과 인목寅은 거칠게 분출하는 특성이 있어요. 게다가 그 학생은 본인이 음수인 계수癸잖아요. 비록 재주의 오행인 목木은 자기 자신이 낳아 주는 것이지만 음양이 반대인 양목은 계수癸인 자기 자신에게 있어 상관이 됩니다. 상관은 재주의 오행 중에 자기 자신과 음양이 다른 것을 일컫는 말인데요. 이 경우에는 음양의 조화가 되어 나에게서 너무 많이 표출되어 나가는 것인 데다가 또 그것이 갑인목甲寅이기 때문에 무엇이든지 자신의 마음에 들지 않는 것이 있으면 그대로 쏘아 붙이고 대들게 되어 있어요. 이런 경우에는 일반적인 학교생활은 어려우니, 자유롭게 생활하면서도 서로 간섭하지 않는 곳이 필요합니다. 그렇지 않으면 이 학생은 어디를 가더라도 언제나 충돌을 일으키기 쉽습니다. 취미로 권투 같은 운동을 시키면 분출하는 기운을 어느 정도 해소시킬 수 있어요. 그러나 같은 목木이라도 음목인 을묘乙卯는 다릅니다. 자기 자신을 상징하는 일간이 음수인 계수癸이고, 태어난 시의 기둥이 을묘乙卯인 여학생이 있는데, 말을 아주 맛깔나고 재미있게 합니다. 그 학생이 말하는 것을 들어 보면 귀를 기울이게 하는 재주가 있어요. 급우들은 물론 남학생들에게도 인기가 많고 학생들이 과제로 발표를 할 때는 이 학생이 언제나 말로 하는 일은 도맡아 한다고 합니다. 같은 목木일지라도 이렇게 서로 다릅니다.

갑甲	드세고 거친 말씨. 진취적. 창의적. 고집.
을乙	부드러운 말씨. 뛰어난 사교력. 잘 꾸밈.

하쌤   갑목甲에 그런 단점이 있다면 장점도 있지 않나요?

해송   싸늘한 겨울을 지나 처음 나오는 것이기 때문에 머리가 좋고 모든 일에 앞장서 이끌어 나가는 특성이 있습니다. 땅에 기반을 둔 뿌리이기 때문에 자신의 기반에 대한 사랑 곧 애국심·애사심·애교심이 강해요. 다만 그런 기발한 생각도 부드럽게 펼치지 못하고 거칠게 폭발하는 특성 때문에 남들에게 인정을 받지 못해 늘 외로움을 느낍니다.

하쌤   양화인 병화丙와 음화인 정화丁에 대해서도 계속 말씀해 주세요.

해송   화火는 태양처럼 빛을 널리 확산시키는 병화丙가 있고, 그 빛의 열기가 모여 작은 불꽃이 되는 정화丁가 있어요. 양화인 병화丙는 뜨거운 빛이고, 음화인 정화丁는 따뜻한 열기라고 보면 됩니다. 때문에 천간인 병丙과 지지인 사巳는 양화로서 빛을 온 세상에 비추며 모든 것에 간섭하려고 하고, 천간인 정丁과 지지인 오午는 음화로서 어두운 곳에서 촛불처럼 조용히 빛을 내며 있는 것입니다.

하쌤   병화 丙와 정화 丁는 사람의 성격에 어떻게 적용되는지요?

해송   양화인 병화 丙는 모든 것에 관심이 있어 간섭하는 오지랖이 넓은 사람이라고 보면 됩니다. 같은 학생들끼리도 내 것만 챙기지 않고 남의 것까지 챙깁니다. 도와주어야 할 학생이 있을 경우 앞에 나서서 반 전체가 함께 움직이게 하는 것입니다. 이런 학생은 형편이 좋고 힘이 있으면 친구들 사이에서 리더가 되고, 그렇지 않으면 다른 친구들을 챙기지 못하는 것에 대해 마음 아파합니다. 병화 丙가 태양이라면 정화 丁는 촛불입니다. 태양이 있으면 촛불은 밝게 빛을 내지 못하니, 정화 丁는 어두운 곳에서 빛을 내는 것입니다. 어두운 곳에서 열기로 빛을 낸다는 것은 친구가 가슴 아픈 일을 당하거나 아플 때 따뜻한 마음으로 도와주고 보살펴 줄 수 있는 심성을 가졌다는 것입니다. 학교에서 봉사활동을 위한 서클이나 종교단체에 적합한 특성입니다.

병丙	주변 모두에 관심이 큼. 활동성. 외향성.
정丁	따스한 심성. 숨겨진 정열.

하쌤   토 土는 다소 이해하기 어려웠는데, 선생님께서 쓰신 『명리 명강』에서는 목 木·화 火의 양운동을 금 金·수 水의 음운동으로 중계·전환

하는 것이라고 설명하고 있어요. 곧 천간은 맑고 가벼운 기(氣)의 운동이라 변화가 쉽기 때문에 오직 양운동 구간에서 음운동 구간으로 전환될 때만 토土의 중계·전환이 필요하다는 거지요.

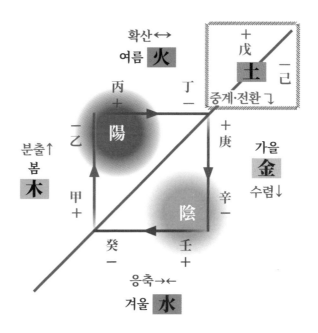

해송   예. 정확히 이해하신 것입니다. 천간의 그림을 들여다보면 더 쉽게 이해할 수 있어요.

하쌤   역시 토土의 특성과 그것이 사람들에게 어떻게 드러나는지 말씀해 주셨으면 해요.

해송   무토戊는 중계·전환의 시작으로 양운동의 끝에 있기 때문에 뻗어 나가는 기운이 여전히 남아 있습니다. 그래서 그런지 양토인 무토戊 일간들 중에는 실행력이 강하고 시끄러우며 피부가 좋은 사람들이 많아요. 음토인 기토己는 양운동에서 전환하여 음운동이 시작되는 곳에 있기 때문에 드러나는 곳에 있어도 눈에 잘 띄지 않습니다. 수업 시간에도 그렇고 아이들끼리 모여 놀 때도 조용히 있어 그의 존재가 거의 드러나지 않는 경우가 많아요.

무戊	활기찬 중재. 계획대로 실천.
기己	조용히 돌아다님. 속마음을 드러내지 않음.

하쌤 이제 금金에 대해 말씀해 주셔야 하는데, 특히 양금인 경금庚이 있는 분들은 거친 경향이 있고, 음금인 신금辛은 새침한 경향이 있는 것 같아요.

해송 목木·화火·토土·금金·수水의 오행을 인(仁)·의(義)·예(禮)·지(知)·신(信)의 '다섯 덕목(五德)'과 관련시킬 수 있습니다. 그러면 목木은 인 곧 어짊에, 화火는 예 곧 예의에, 토土는 신 곧 믿음에, 금金은 의 곧 의로움에, 수水는 지 곧 지혜에 해당합니다. 금金이면 의로움이죠! 그중에서도 양금인 경금庚은 화火의 확산을 거둬들여 열매를 맺으려는 것이기 때문에 의로움 곧 사회 정의를 어기는 것들에 대해 참지를 못하고 혹독하게 바로잡으려고 합니다. 제 친구의 막내딸

이 사주에 경금 庚 이 가득한데, 언니들이 조금만 어긋난 행동을 보여도 용서가 없어요. 곧바로 '언니가 그러면 되냐?'고 경고를 하고 덤비다가 힘으로 안 되니, 아빠나 엄마에게 쫓아와 일러바치더군요. 경금 庚 이 강할 경우, 약한 친구를 돕기 위해 싸움을 하다가 폭력학생으로 걸려들기 쉬우니, 나쁜 일을 보면 싸우지 말고 다른 해결 방안을 찾으라고 평소에 잘 타일러 놔야 합니다. 음금인 신금 辛 은 화 火 의 확산을 열매로 완성하여 안전한 곳에 저장하려는 것입니다. 가을이 무르익은 때에는 열매와 쭉정이를 구분하고 따로 분리하는 것이 매우 중요하지요. 이 때문에 말할 수 없을 정도로 아주 냉정하고 예리합니다. 또 열매를 귀중하게 보관해야 한다는 생각에 명품을 좋아합니다. 조금만 자신의 마음에 들지 않으면 바로 삐쳐 계속 말을 하지 않는 것 역시 신금 辛 의 특성으로 보면 됩니다.

경庚	정의. 징벌. 혹독. 결단력.
신辛	분리. 냉정. 삐침. 예리. 사치.

하쌤   그렇군요. 선생님, 양수인 임수 壬 가 있는 학생들은 이상하게도 낡은 물건을 버리지 못해요. 제 조카가 임수 壬 거든요. 그런데 좋은 새 옷이 없는 것도 아닌데 유행이 지난 옷을 태연히 입고 다녀요. 못 버리는 데다가 정리도 잘 못하고요. 왜 그렇지요?

해송 임수 壬 는 가을을 지나 물이 땅으로 내려와 강과 바다로 흘러 들어가는 것입니다. 그러면 작은 것도 쉽게 버리지 못하는 성격을 이해하기 쉬울 겁니다. 모든 것을 거둬들이고 버리지 못해 그런지 임수 壬 일간들 중에는 부자가 많아요. 대신 집 안 정리정돈이 되어 있지 않으니 아마 조카의 방도 엉망으로 되어 있을 겁니다.

하쌤 맞아요. 여동생이 아들 딸 하나씩 있는데, 아들의 방은 깨끗한데 딸의 방은 왜 그렇게 지저분하게 어질러 놓는지 모르겠다고 자주 하소연을 해요.

해송 지저분하다는 단점도 있지만 또 함부로 자신의 생각을 말하지 않아 신중하다는 장점도 있어요. 화가 나도 잘 참아 남들과 별로 부딪히지 않는다고 보면 됩니다.

하쌤 음수인 계수 癸 에 대해서도 말씀해 주세요.

해송 임수 壬 가 수렴하는 가을을 지나 응축하여 내려오는 물이라면, 계수 癸 는 얼어붙어 부피가 커지듯이 팽창하는 물이라고 보면 됩니다. 겨울에는 얼어서 팽창하고, 거꾸로 봄에는 아지랑이가 되어 올라가거나 나무를 타고 올라가는 물입니다. 양수인 임수 壬 는 응축하는 힘이 강해 서운한 일이 있어도 별로 내색을 하지 않지만, 음수인 계수 癸 는 응축 속에 팽창하는 힘도 가지고 있어 서운한 일이 있으면 상대가 알아채도록 살짝 드러내고 그것에 대한 보상을 바랍니다. 그리고 살짝 드러냈는데도 눈치를 채지 못하면 굉장히 서운해합니다. 계수 癸 가 올라가는 물이라 그런지 임수 壬 보다는 훨씬 더 명랑하고 활달합 니다.

하쌤 공부방에서 가끔 아이들 심부름을 시킨 다음에 칭찬이나 다른 것으로 대부분 보상을 해 주지만 어쩌다가 그렇게 해 주지 않을 경우에 삐치 는 아이들이 있었는데, 지금 생각해 보니 계수 癸 였어요. 이렇게 간지 의 특성만 가지고도 사람을 알 수 있는 거네요. 자신을 알고 남을 아는 데 아주 유용한 설명이네요.

임壬	정리되지 않은 창고. 신중. 부자.
계癸	은근한 암시. 명랑. 활달. 눈치.

12지지의 특성

하쌤이 「해송학당」의 책장에 있는 『민간에 전해지는 12지지 이야기』를 읽고 있었
다. 지지의 순서가 쥐·소·호랑이·토끼·용·뱀·말·양·원숭이·닭·개·돼지로 정해진
이유에 대해 재미있게 설명하는 책이었다. 새해가 되어 나이를 따질 때, 흔히 무슨
띠냐고 묻듯이 우리의 심성에 자리 잡고 있는 열두 짐승들의 특성들이 일상 속에
어떻게 스며 있고, 또 우리와 어떤 인연을 맺고 있는지 하쌤과 자세히 살펴보기로
했다.

민간에 전해지는 12지지 이야기

하느님께서 동물들에게 정월 초하루에 하늘의 문에 먼저 도착한 순서대로 지위를 주기로 했다. 동물들은 각기 열심히 연습했는데, 소는 걸음이 느린 것이 걱정되어 그날 새벽에 미리 출발하였다. 외양간에서 숨어 잠을 자던 생쥐가 그것을 알아채고 그 등에 몰래 올라탔다. 아침이 되자 동물들은 천상의 문으로 앞다투어 뛰어갔고, 일찍 출발한 소가 가장 먼저 도착했다. 그런데 문을 들어서려고 하는 순간 등에 타고 있던 쥐가 먼저 뛰어내려 들어가는 바람에 소는 두 번째로 들어오게 되었다. 뒤를 이어 호랑이, 토끼, 용, 뱀 등이 순서대로 들어와 현재 열두 동물의 순서가 정해졌다.

하쌤 선생님, 천간은 오행의 흐름으로 잘 설명되는데, 지지는 참 오묘한 것 같아요. 지지의 순서에 대해 발톱이나 발굽의 숫자로 음양을 구분해서 그렇게 한 것이라는 글을 본 적이 있어요.

해송 발톱이나 발굽이 홀수이면 양이고, 짝수이면 음이라는 얘기요?

하쌤 네. 쥐는 앞의 발톱이 다섯이고 뒤의 발톱은 넷이며, 소는 발굽이 넷이고, 호랑이는 발톱이 다섯이며, 토끼는 둘이고, 용은 다섯이며, 뱀은 열 개라는 거죠. 또 말은 하나이고, 양은 넷이며, 원숭이는 다섯이고, 닭은 넷이며, 개는 다섯이고, 돼지는 네 개이니, 발톱의 숫자로 음양을 상징해서 시간과 월을 삼았다는 설명이 있어요. 쥐가 지지의 처음이 된 것은 앞의 발톱 다섯이 양을 상징하고 뒤의 발톱 넷이 음을 상징하여 음이 양으로 교차되는 첫 시간이라는 것이지요. 이런 설명이 옳은 지요?

해송 재미있는 설명입니다. 하지만 그것보다는 그 동물의 특성을 식물이 씨앗에서 자라고 열매 맺는 것과 비교해서 살펴보면 좋아요. 아주 재미있는 결론이 나오거든요.

지지	동물	시간	월(음)	특 성
자(子, ䷀)	쥐	23-01	11	쥐는 생식의 상징으로 한밤중에 많이 움직임
축(丑, ䷀)	소	01-03	12	소는 고생의 상징으로 평생 일을 많이 함
인(寅, ䷀)	호랑이	03-05	1	호랑이는 새벽에 뛰어오르며 먹잇감을 덮침
묘(卯, ䷀)	토끼	05-07	2	토끼는 봄에 풀밭에서 활기차게 뛰어다님
진(辰, ䷀)	용	07-09	3	용은 구름과 비를 숨겨서 몰고 다님
사(巳, ䷀)	뱀	09-11	4	뱀은 발이 없는데도 양기가 넘쳐 무척 빠름
오(午, ䷀)	말	11-13	5	말은 양기가 많아 고개를 숙이지 않음
미(未, ䷀)	양	13-15	6	양은 아직 미성숙해 뿔로 잘 들이받음
신(申, ䷀)	원숭이	15-17	7	원숭이는 익어 가는 열매를 잘 따 먹음
유(酉, ䷀)	닭	17-19	8	닭은 먹이를 찢어발겨서 먹음
술(戌, ䷀)	개	19-21	9	개는 해가 지고 나서 밤을 지킴
해(亥, ䷀)	돼지	21-23	10	돼지는 가리지 않고 모든 것을 먹어치움

하쌤 알 듯 말 듯 하네요. 쥐부터 차례대로 하나씩 설명해 주셨으면 합니다. 『주역』의 괘와 함께 설명해 주시면 이해가 더 쉬울 것 같아요.

해송 『주역』의 괘는 양기(—)와 음기(--)가 아래에서 위로 자라며 올라가는 것을 시간의 순서에 따라 붙인 것으로 보면 됩니다. 자子(䷗)에서 하나의 양기(—)가 나와 사巳(䷀)까지 자라고, 오午(䷫)에서 하나의 음기가 나와 해亥(䷁)까지 자라며 반복·순환하는 것이지요. 여기서 양기가 하나인 쥐子(䷗)는 씨앗이 터지며 처음 생명이 나오는 것을 상징하고 있어요. 한밤에 쥐가 새끼들과 함께 모여 있는 모습을 떠올려 보세요. 생명의 시작을 표현했다고 보면 될 것입니다. 사실 음력 11월이면 그때부터 땅속에서는 씨앗이 갈라지며 봄에 나올 싹이 자라기 시작한답니다. 복분자·구기자 등의 씨앗 이름에 자子 자를 붙인 것은 그것이 바로 생명력 곧 정력이기 때문입니다. 시간으로 본다면, 이때가 밤 11시에서 새벽 1시이니, 옛날에는 그 시간에 고된 몸을 한숨의 잠으로 모두 털어 버리고 부부가 사랑을 나누는 시간에 해당합니다.

하쌤 이것이 사람에게는 어떻게 적용되는지요.

해송 학생들 중에서나 아니면 주변에 성적으로 남녀 문제를 일으키는 사람들이 있으면 그 사주에 자子(䷗) 자가 있는지 살펴보기 바랍니다. 사람에게 쥐子는 생명을 시작하려는 움직임이라고 보면 됩니다. 저와 친한 어느 의사분의 동생 사주에 자子가 있는데 고등학교 때 그런 일로 부모님이 경찰서를 오가며 무척 고생하셨다고 했어요.

하쌤 　맞아요. 제가 문제가 많은 학생을 상담하다가 사주를 보았는데 자子
자가 있었어요. 올해 중학교 3학년인 여학생인데 벌써 1학년 때부터
남학생들과 몰려다니며 술·담배를 하고 결석이 잦았다고 했어요. 그
런데 어째서 자子에 그런 특성이 있는 건지요?

해송 　수水의 기운이 사람의 인체에서는 신장과 방광 곧 성적인 에너지와
관계가 있어 민감하게 반응하기 때문입니다.

하쌤 　그럼 해수亥(☵) 돼지에도 그런 특성이 있나요?

해송 　돼지는 그런 특성보다는 무엇이든 먹어치우는 특성에서 나왔다고 보
면 됩니다. 곧 사람들이 늦은 가을인 술戌월에 농사지은 곡식을 모두
갈무리해 놓고 겨울을 맞이하는 것이라고 보면 되겠지요. 또 늦은 밤
에 도둑이 와도 훔쳐 가지 못하게 곡식을 모두 캄캄한 곳에 잘 모아 놓
고 편안히 잠드는 것이라고 봐도 됩니다. 돼지가 생존 능력이 무척 뛰
어난 것으로 알려져 있는 것도 무엇이나 잘 먹어서 그런 것인데, 곡식
을 모아 놓고 겨울을 맞이하는 모습이 이렇게 반영되었다고 보면 될
것입니다.

하쌤 　축토丑(☶)의 소는 농사와 관련되어 들어가 있는 건가요?

해송 　옛날엔 소가 농사는 물론 사람들이 하기 힘든 일을 거의 대부분 대신
했지요. 요즘은 농사일도 대부분 기계로 하기 때문에 소들은 거의 할

일이 없어 목장이나 축사에서 어슬렁거리고 있지만요. 씨앗이 갈라져 땅을 뚫고 올라오는 상태를 소가 힘들게 일하는 것으로 상징했다고 보면 될 것입니다. 직업으로는 우직하게 남을 뒷받침하는 교육이나 식당에 사용하면 좋아요.

하쌤 그러면 사주에 소를 뜻하는 축 丑 이 있으면 무엇이든 인내심을 가지고 꾸준히 한다고 보면 되겠는지요?

해송 네, 다만 빛이 나지 않는 일을 하는 것으로 보면 됩니다. 소가 사람의 일을 대신해 묵묵히 일해도 아무도 알아주지 않듯이 말이에요. 싹이 땅속에서 그렇게 힘겹게 자라는 것을 아무도 모르잖아요.

하쌤 인목 寅 (를)은 어떤가요? 호랑이가 식물이 자라는 것과 무슨 관계가 있는지요?

해송 사자가 무리 지어 사냥하는 것과 달리 호랑이는 주로 새벽에 혼자서 사냥을 합니다. 동물이 잠에서 깨어 먹을 것을 찾고 있을 때 갑자기 공격하지요. 인목 寅 은 싹이 흙을 뚫고 터져 올라오는 것으로 마치 새벽에 호랑이가 숨어 있다가 별안간 뛰어오르며 먹잇감을 덮치는 것과 비슷하다고 보면 됩니다.

하쌤 12지지를 이렇게 식물이 자라는 것과 비교해서도 설명이 가능하군요. 그런데 묘목 卯 (를)인 토끼도 그렇게 설명이 가능한지 모르겠어요.

해송　토끼는 초목이 한창 자라기 시작할 때 그것을 먹기 위해 귀를 쫑긋거리며 산과 들을 깡충깡충 뛰어다니지요. 예쁘고 양기 발랄한 토끼의 모습을 보면 한창 풀이 자라는 것을 연상하게 되지 않나요?

하쌤　선생님, 그렇다면 진토 辰(☲)인 용은 상상의 동물이기 때문에 식물과 관련지어 설명하기는 어렵지 않나요?

해송　용으로 상징되는 진토 辰는 여름이 시작되기 직전의 늦봄을 상징합니다. 이때는 산야가 바짝 말라 식물에 물이 아주 절실한 시기입니다. 식물들에게는 구름과 비를 몰고 다니는 용이 정말 그리운 때라고 할 수 있겠지요.

하쌤　그렇군요. 흔히 용을 비와 관련시켜 말하지요. 징그러운 뱀과 들판을 달리는 말에 대해서도 이렇게 설명할 수 있나요?

해송　사화 巳(☰)는 여름의 시작인데, 뱀은 발도 없이 빠른 동물이지요. 이는 천지에 '태양의 기운(양기)'이 넘침을 상징한다고 할 수 있습니다. 식물에게는 물보다는 태양이 중요한 시기라고 할 수 있지요. 식물들은 넘치는 양기를 받아들여 열매로 모아야 하니, 이때부터 가을에 열매 맺을 준비를 하는 것입니다. 또한 오화 午(☰)인 말은 가득히 넘치는 양기에서 이제 처음으로 음기가 시작되니, 말이 잠을 잘 때조차도 꼿꼿이 서 있는 것처럼 식물들도 딱 버티고 서서 양기를 흡수해야 합니다.

하쌤 미토未(☷)인 양이 아직 성숙하지 못해 들이받기를 잘한다는 것은 식물과 무슨 관련이 있는지요?

해송 오화午(☲)에서 하나의 음기가 시작되어 미토未(☷)는 음기가 겨우 둘이기 때문에 열매를 맺을 정도로 양기를 수렴시키지는 못했다는 겁니다. 그래서 미未를 아직 미치지 못했다는 미급(未及)의 의미로 봅니다. 사주에 이 글자가 있으면, 간혹 가족 중에 장애가 있어 어려움을 겪는 사람이 있을 수도 있어요.

하쌤 작년 고급반 수업 때, 그런 경우가 여기저기에 있었어요. 이제 금金이죠? 신금申(☷) 원숭이는 익어 가는 열매를 따 먹는 것과 관련이 있겠군요. 그 말만으로도 음기가 어느 정도 강해져서 양기가 열매로 거의 수렴되었다는 설명이 됩니다. 그런데 유금酉(☷)은 닭과 무슨 관계가 있나요?

해송 닭은 먹이를 찢어서 먹지요? 다 익은 열매가 나무에 계속 그대로 매달려 있으면 짐승들이 모두 먹어 버리고 맙니다. 그래서는 안 되겠지요. 그러니 열매는 나무에서 땅으로 떨어져야 하는 겁니다. 닭이 먹이를 갈기갈기 찢어 흩어 놓듯이 말이에요. 그렇게 해서 숨어 있어야 다음 해에 씨앗이 되어 다시 싹을 낼 수 있겠지요.

하쌤 술토戌(☷) 개가 밤을 지키는 것은 식물과 무슨 의미가 있는지요?

해송   늦은 가을인 술월戌에 곡식을 갈무리해서 누가 훔쳐 가지 못하도록 안전하게 보관해 놔야 한다는 것이지요.

하쌤   동물과 관련된 12지지를 식물이 자라고 열매 맺는 과정으로 설명하면 이렇게 의미가 서로 잘 연결되는군요.

해송   그런데 여기서 토土인 진辰·술戌·축丑·미未의 설명이 다소 부족하니 좀 더 보완해 드릴게요. 지지의 토土는 각기 중계·전환하는 구간에 따라 그 특성이 달라져요. 지지의 토土는 각 오행의 끝에서 다음 오행이 잘 올 수 있도록 하는 것이 그 역할이지요. 진토辰를 예로 설명하면, 다음 표에서 보듯이 진토는 인寅·묘卯·진辰이라는

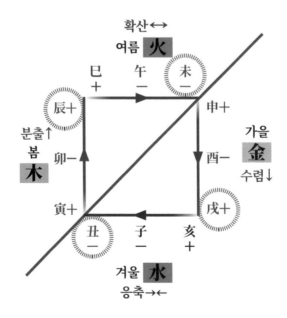

목木의 끝에서 다음에 이어지는 사巳·오午·미未의 화火가 오도록 중계·전환하는 역할이지요. 그렇다면 화火의 확산하는 흐름을 방해하는 수水의 응축하는 기운을 없애야 합니다. 진토辰를 수水의 무덤이라고 하는 이유가 이 때문입니다. 나머지도 그렇게 동일하게 생각하면 되겠지요.

목(木)	인(寅)·묘(卯)	진(辰)	목의 끝에서 화가 오는 데 방해되지 않게 화와 반대의 흐름인 수를 묻음. 수의 묘지.
화(火)	사(巳)·오(午)	미(未)	화의 끝에서 금이 오는 데 방해되지 않게 금과 반대의 흐름인 목을 묻음. 목의 묘지.
금(金)	신(申)·유(酉)	술(戌)	금의 끝에서 수가 오는 데 방해되지 않게 수와 반대의 흐름인 화를 묻음. 화의 묘지.
수(水)	해(亥)·자(子)	축(丑)	수의 끝에서 목이 오는 데 방해되지 않게 목과 반대의 흐름인 금을 묻음. 금의 묘지.

하쌤 진辰·술戌·축丑·미未와 관련해 토의 묘지를 이렇게 명쾌하게 정리해 주셔서 고맙습니다. 그런데 진토辰에 대해 어디에선가 '어두운 과거를 숨기는 것'이라고 하는 말을 들은 것 같아요. 무슨 의미인지 설명을 해 주셨으면 해요.

해송 12지지를 시간으로 보면, 수水인 해亥·자子·축丑은 밤과 겨울, 목木인 인寅·묘卯·진辰은 아침과 봄, 화火인 사巳·오午·미未는 낮과 여름, 금金인 신申·유酉·술戌은 저녁과 가을이지요. 그래서 해亥·자子·축丑을 어둡고 추운 것이라고 해요. 사주에서 진토

辰를 만날 때 이 어둡고 추운 것을 묻어 주는 것에 대해 '어둡고 추운 과거를 숨기는 것'이라고 하지요.

하쌤 그러면 술토戌에 병화丙가 묻히는 것을 가지고 화려한 과거를 숨기는 것이라고 할 수 있겠군요.

해송 하하하! 그렇지요. 바로 그렇게 응용하는 겁니다.

하쌤 그런데 선생님, 진辰·술戌·축丑·미未의 음양을 구분하는 법에 대해 다시 설명해 주셨으면 해요. 다른 책에서 설명하는 것과 달리 아주 독특해서요.

해송 목木과 화火는 양에 속하고, 금金과 수水는 음에 속하잖아요. 앞의 그림에서 보았듯이 축丑은 해亥·자子·축丑에서 인寅·묘卯·진辰으로 중계·전환하는 것이지요. 음인 수水에서 양인 목木으로 이어 주는 것이기 때문에 축丑은 음토가 됩니다. 또 진辰은 인寅·묘卯·진辰에서 사巳·오午·미未로 중계·전환하는 것이지요. 양인 목木에서 양인 화火로 이어 주는 것이기 때문에 진은 양토辰가 됩니다. 다시 말해 음과 양 또는 양과 음으로 이어 주면 남녀가 만난 듯이 음양의 조화가 생겨 부드러우니 음토가 되고, 양과 양 또는 음과 음으로 이어 주면 음양의 조화가 없어 거치니 양토가 된다는 겁니다.

하쌤 나머지를 마저 설명하면, 미未는 사巳·오午·미未에서 신申·유유 酉 ·술 戌 로 중계·전환되는 것이라 음토지요. 양인 화 火 에서 음인 금 金 으로 이어 주니, 양과 음이 만나는 것이라 부드러워 음이라는 거 잖아요. 술 戌 은 신 申 ·유 酉 ·술 戌 에서 해 亥 ·자 子 ·축 丑 으로 중계·전환되는 것이라 양토지요. 음인 금 金 에서 음인 수 水 로 이어 주니 음과 음이 만나 거칠어 양이 된다는 거잖아요.

해송 그렇지요. 음양의 구분은 중요하니 왜 그렇게 되는지 확실히 알고 있어야 합니다.

하쌤 앞의 그림에서 해 亥 ·자 子 ·축 丑 수 水 의 구간과 사 巳 ·오 午 ·미 未 화 火 의 구간에서 자 子 ·축 丑 과 오 午 ·미 未 가 모두 음과 음으로 연결된 의문이 이제야 분명하게 풀리네요. 이렇게 또 음양의 이치로 풀어 주신 선생님의 설명에 정말 감탄할 따름입니다.

소중한 내 아이의 적성이나 삶의 진로를 아주 쉽게 파악하는 비법이
있다. 타고난 사주에서 오행의 상생·상극 관계를 따져 보면 성격과
적성은 물론 진로의 방향과 건강 상태까지 알 수 있다. 이제부터
아이에 대한 많은 정보를 얻을 수 있는 방법을 자세히 알아 보자.

3부

우리 아이 타고난 재능
놓치지 않기

1강

공부를 시켜야 할까,
운동을 시켜야 할까?

잠시 틈을 주면 꼭 사고가 난다. 지난 주에도 공부방에서 초등학생 아진이와 서현이가 말다툼을 벌였다. 그러다 4학년인 아진이가 성질을 못 참고 5학년인 서현이를 발로 차서 갈비뼈를 부러뜨리고 말았다. 난리가 났었지만, 다행히 두 집안 부모님들이 모두 점잖고 안면이 있는 사이라서 문제가 크게 확대되지는 않았다. 그런데 오늘 아진이의 언니인 고등학생 하진이가 찾아와 동생에 관한 맹랑한 질문을 한다. 공부방 우등생 출신인 하진이는 내가 작년부터 사주를 배우고 있다는 것을 알고 있었기 때문이다.

하진 선생님, 잘 지내셨어요? 지난주에 싸우다가 아진이가 다른 친구 갈비뼈를 부러뜨렸잖아요. 아진이가 힘도 세고 태권도도 잘해 전국대회에서 상을 탈 정도인데 얼마나 아팠겠어요? 그런 것도 사주에 나오나요?

하쌤 뭐라고? 너 쌤이 사주 배우고 있는 거 어떻게 알았어?

하진 지난번 만났을 때에 "이제 너희들 어떤 녀석들인지 사주 보면 다 알아. 꼼짝 말아."라고 자랑하셨잖아요.

하쌤 쌤이 그렇게 말했다고? 알았다. 그래, 동생이 태어난 연·월·일·시를 알고 있니?

하진 2005년 닭띠이고 양력 7월 13일 오후 5시쯤에 방배동에 있는 산부인과에서 태어났다고 해요.

하쌤 요즘은 세상이 편리해 사주도 스마트폰 앱으로 바로 뽑을 수 있지.

태어난 시 자식 자리	태어난 일 자신·배우자 자리	태어난 월 부모·형제 자리	태어난 연 조상 자리	
庚 경금	**戊 무토**	癸 계수	乙 을목	천간
申 신금	戌 술토	未 미토	酉 유금	지지

하진   이게 아진이 사주군요. 이제 이걸 어떻게 봐야 하죠?

하쌤   음양오행만 알면 간단해. 그럼 누구든지 그 사람의 성격·적성·특성 등을 알 수 있어.

하진   어렵지 않나요?

하쌤   잘 들어 봐. 먼저 음양오행에 대해 알아야 해. 목 木·화 火·토 土·금 金·수 水 를 오행이라고 해. 사주로 보면 아진이는 토 土 인데, 자기 자신인 토 土 도 강하고 토 土 가 내놓는 금 金 도 강해 운동을 잘할 수 밖에 없어.

하진   그게 무슨 말이에요?

태어난 시 자식 자리	태어난 일 자신·배우자 자리	태어난 월 부모·형제 자리	태어난 연 조상 자리	
庚 경금	戊 무토	癸 계수	乙 을목	천간
申 신금	戌 술토	未 미토	酉 유금	지지

하쌤   아진이가 토 土 라고 하는 것은 태어난 날의 천간 무토 戊 를 말하는 거야. 일간은 자기 자신을 뜻하거든. 그리고 아진이 자신이 강하다고 하는 까닭은 그것과 같은 오행의 토 土 가 태어난 달의 지지에도 있기 때문이야. 미토 未 가 보이지?

하진   네, 찾았어요.

하쌤   하진이 너는 혼자 있을 때가 힘이 더 있을 것 같니? 형제나 친구와 같이 있을 때가 힘이 더 있을 것 같니?

하진   같이 있을 때가 힘이 더 있겠지요.

하쌤   맞아. 그래서 태어난 달의 지지에 있는 미토 未 를 보고 아진이의 힘이 센 걸 알 수 있다고 하는 거야.

하진   그럼 태어난 날의 지지에 있는 술토 戌 도 아진이의 힘이 센 것으로 볼 수 있나요?

하쌤   아니. 하진아, 너는 너의 시대에 이룬 것에 힘이 있다고 생각하니? 아니면 조상님이나 부모님 때부터 이룬 것에 힘이 있다고 생각하니?

하진   그야 물론 조상님이나 부모님 때부터 이루어 물려받은 것에 더 힘이 있다고 생각하죠!

하쌤   그래서 오행의 힘을 볼 때는 태어난 해나 태어난 달의 지지에 같은 오행이 있을 때 힘이 세다고 해. 물론 태어난 날이나 태어난 시의 지지에 있을 때도 다소 보탬은 되지만 태어난 해나 태어난 달의 지지에 있는 것만은 못해.

하진	그런데 왜 천간이 아니고 지지에 있어야 힘이 세다고 하죠?

하쌤	천간과 지지가 모두 다섯 가지 기운인 오행으로 이루어져 있지만, 천간은 마음으로 보고 지지는 몸으로 봐. 똑같이 다섯 가지 기운이 흘러가지만 천간은 하늘의 기운으로 우리의 마음에, 지지는 땅의 형질로 우리의 몸에 영향을 미치는 것이기 때문이야.

하진	천간은 마음에 영향을 미치고 지지는 몸에 영향을 미치니, 체력은 지지와 관련된다는 거지요?

하쌤	바로 그거야!

하진	선생님, 그러면 마음을 상징하는 천간의 힘이 세면 자존심이 강하다고 봐도 되나요?

하쌤	그렇다고 볼 수도 있고 의지가 강하다고 볼 수도 있어. 그 오행에 해당하는 마음의 작용이 강하다고 생각하면 돼.

하진	그렇군요. 하지만 힘이 세다고 다 운동을 잘하는 건 아니잖아요.

하쌤	방금 전에 아진이는 자기 자신인 토 土 가 강하고 금 金 도 강해 운동을 잘할 수밖에 없다고 했었지? 이번엔 금 金 을 보자. 역시나 태어난 해의 지지에 있는 유금 酉 을 보렴.

태어난 시 자식 자리	태어난 일 자신·배우자 자리	태어난 월 부모·형제 자리	태어난 연 조상 자리	
庚 경금	戊 무토	癸 계수	乙 을목	천간
申 신금	戌 술토	未 미토	酉 유금	지지

하쌤 오행은 아래 그림의 바깥 동그라미처럼 목木·화火·토土·금金·수水가 각기 낳아 주면서 서로 계속 이어지며 순환하는 거야. 토土에서는 금金이 나오며 이어지는데, 아진이가 토土일 때 금金이 강하다는 것은 아진이에게 내놓는 기운이 강하다는 뜻이야. 무토戊인 아진이는 태어난 해의 지지에 유금酉이 있어 내놓는 힘이 아주 강해. 특히 지지에서 내놓는 힘이 강하다는 것은 아진이가 몸으로 부리는 손재주나 발재간이 훌륭하다는 의미야. 아진이는 자신이 튼튼하면서 그 힘을 바탕으로 재주를 강하게 펼칠 수 있으니, 팔다리를 사용하여 배우는 능력이 탁월할 수밖에 없겠지! 태권도도 잘할 뿐 아니라 다른

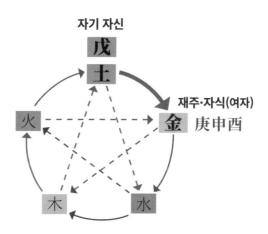

운동도 잘할 수 있어.

하진 이제 조금 알겠어요. 사주에서 몸을 상징하는 지지를 봤을 때, 자신의 힘이 강하고 내놓는 힘이 강하면 운동을 잘한다는 말이지요?

하쌤 그렇지. 또 성격을 보면, 아진이는 과묵하고 침착하면서도 할 말을 다 해야 하는 성격이야. 게다가 너무 까칠하구나! 언니인 너와 나이 차이가 많이 나는데도 잘 따지고 자주 덤비지?

하진 맞아요! 그런 것도 사주에 나오나요?

하쌤 물론이지. 먼저 과묵하고 침착하면서도 할 말을 다 한다는 것은 사주에 금金이 많기 때문이고, 까칠하다는 것은 술토戌와 미토未가 서로 싸우고 있기 때문이야.

하진 지지에서 토土끼리 서로 싸운다구요? 쉽게 설명해 주세요.

하쌤 성격부터 얘기해 줄게. 성격은 오행 중에서 무엇이 많은지 보면 알 수 있어. 아진이는 사주에 금金이 많지?

하진 네, 세 개나 있네요.

하쌤 맞아. 금金이 많으면 일단 과묵하고 침착하다고 봐야 해. 계절로 이해하면 금방 이해할 수 있어. 금 金 은 결실의 계절인 가을을 상징해. 가을을 떠올려 보렴. 가을은 추수의 계절이잖아. 태양의 열기를 거둬들여 열매로 저장하는 특성이 있다는 거야. 그러니 금 金 이 많은 아진이는 거둬들이는 금 金 의 특성 때문에 함부로 나서지 않고 과묵하고 침착해.

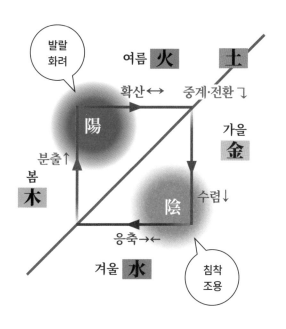

하진   그렇군요!

하쌤   아진이는 자기 자신이 토 土 잖아. 그런 아진이에게 금 金 은 자기 자신인 토 土 가 내놓는 것이기도 해. 그러니 금 金 이 많으면 마음속에 있는 것을 내놓아 표현하기 때문에 할 말은 꼭 하게 돼.

하진   이해했어요. 술토 戌 와 미토 未 가 서로 싸워 까칠하다는 것은 무슨 말인가요?

태어난 시 자식 자리	태어난 일 자신·배우자 자리	태어난 월 부모·형제 자리	태어난 연 조상 자리	
庚 경금	戊 무토	癸 계수	乙 을목	천간
申 신금	戌 술토	未 미토	酉 유금	지지

하쌤   사주에 축 丑 ·술 戌 ·미 未 삼형(三刑)[1]이라는 것이 있는데, 이 글자들이 옆에 같이 있으면 서로 싸우고 헐뜯는다고 봐. 이런 삼형은 매우 무서운 거야. 재판까지 갈 수도 있거든. 세 글자 중에 두 글자 이상 마주하고 있으면 삼형살이라고 하는데, 찾았니?

하진   네, 찾았어요. 언니인 나에게 따지면서 잘 대들고, 여기 공부방에서 다른 친구와 싸운 것도 그 때문인가요?

하쌤   그래. 그런데 여기에는 가을에 열매 맺는 금 金 의 특성이 강한 것도 한몫하고 있어. 금은 가을인데, 가을은 다소 잔인한 계절이거든. 가을의 나무는 잎을 떨어뜨리고 열매를 맺잖아. 이때 가뜩이나 부족한 영양분을 모든 열매에 똑같이 줄 순 없어. 속이 꽉 찬 알곡만 필요하고 덜 찬 쭉정이는 버려야 한다는 거야. 무슨 말이냐 하면, 알곡과 쭉정이

---

1 이것을 지지의 형(刑)이라고 한다. 형에는 축(丑)·술(戌)·미(未)라는 삼형과 인(寅)·사(巳)·신(申)이라는 삼형, 진(辰)·진(辰), 오(午)·오(午), 유(酉)·유(酉), 해(亥)·해(亥)라는 자형(自刑), 그리고 자(子)·묘(卯)라는 형이 있다. 두 글자 이상이 서로 붙어 있을 때, 의료적인 일이나 법률적인 것과 관련된 것으로 해석한다.

가 함께 있을 때 알곡이 쭉정이가 불쌍하다고 해도 자신의 것을 덜어 내어 줄 순 없어. 그러면 두 열매가 모두 쭉정이가 되어 버리거든. 그럼 다음 해 봄이 와도 씨앗에서 싹을 낼 수 없게 돼. 그래서 금 金 에는 못된 것 곧 쭉정이가 있으면 강하게 내치는 매몰찬 성질이 있어. 금 金 의 이런 특성은 사람들의 성격에서 자신이 못마땅하게 여기는 것에 대해 강하게 밀어내는 것으로 작용해. 하진이 네가 아진이에게 조금만 못마땅하게 보여도 그 녀석이 그런 특성이 있기 때문에 자꾸 따지며 대드는 것이고, 또 친구들과도 잘 싸우는 거야.

하진   선생님! 사실 예전엔 아진이가 미울 때도 많았어요. 그런데 쌤 말씀을 듣다 보니 이젠 아진이가 왜 그런지 이해가 가요. 언니로서 걱정이 많은데 제가 어떻게 하면 좋을까요?

하쌤   아진이가 그렇게 태어난 거니까 미워 보여도 이해해 줘야 해. 더구나 너보다 한참 어린 동생이잖아.

하진   알겠어요. 그리고 쌤께서 무엇 때문에 "너희들 사주보면 다 알아!"라고 말씀하셨는지 이제 알겠어요. 엄청 재미있어요! 다음에도 궁금한 게 있으면 알려 주실 거지요?

하쌤   그래. 하지만 지금은 입시공부를 해야 할 때이니, 졸업한 다음에 배우러 오면 얼마든지 가르쳐 줄게. 사람을 이해하는 데 큰 도움이 되니, 배워 두면 좋을 거야.

해송쌤의 사주 구조 정리

태어난 시 자식 자리	태어난 일 자신·배우자 자리	태어난 월 부모·형제 자리	태어난 연 조상 자리	
庚 경금	戊 무토	癸 계수	乙 을목	천간
申 신금	戌 술토	未 미토	酉 유금	지지

아진이 자신은 태어난 날의 천간인 무토戊 다. 이 무토戊 는 월의 지지에 있는 미토未 에 뿌리를 두고 있어 힘이 세다. 또 자신을 상징하는 토土 가 내놓는 재주의 오행인 금金 이 태어난 해의 지지에 유금酉 으로 힘 있게 있어 운동을 잘할 수밖에 없다.

태어난 시 자식 자리	태어난 일 자신·배우자 자리	태어난 월 부모·형제 자리	태어난 연 조상 자리	
庚 경금	**戊 무토**	癸 계수	乙 을목	천간
申 신금	戌 술토	未 미토	酉 유금	지지

다시 자세히 설명하면, 태어난 날의 천간 무토 戊 가 사주 당사자인 아진이
다. 아진이가 태어난 것은 수많은 조상님들이 계시고, 그 조상님이 부모님을
낳고 부모님이 아진이를 낳았기 때문이다. 그러니 태어난 해가 조상의 자리이
고, 태어난 달이 부모의 자리다. 태어난 해의 조상님과 태어난 달의 부모님이
있어 태어난 날의 천간 아진이가 태어났고, 태어난 날의 지지에 있는 배우자를
만나 태어난 시의 자식을 낳고 살다가 세상을 떠나는 것이 인생이다.

태어난 시 자식 자리	태어난 일 자신·배우자 자리	태어난 월 부모·형제 자리	태어난 연 조상 자리	
庚 경금	**戊 무토**	癸 계수	乙 을목	천간
申 신금	戌 술토	**未 미토**	酉 유금	지지

아진이에게 힘이 있으려면 본인의 신체가 실제로 건강한지 그 여부와 관계
없이 태어난 달이나 태어난 해의 지지에 태어난 날의 천간과 같은 오행이 있
어야 한다. 태어난 날이나 시의 지지에 같은 오행이 있는 경우에도 힘이 되기
는 하지만 월이나 연의 지지에 있는 것처럼 강하지는 않다. 24시간[1]이 모여 하

---

1 간지력으로 볼 때, 현재의 두 시간을 한 시진이라고 한다. 간지력으로는 현재의 24시간은 12시진이라는 말이다.

루가 되고, 30일이 모여 한 달이 되며, 12달이 모여 한 해가 되기 때문에 그처럼 시간의 단위가 큰 연이나 월의 지지는 그 힘이 강하고 일이나 시의 지지는 그 힘이 약한 것이다.

태어난 시 자식 자리	태어난 일 자신·배우자 자리	태어난 월 부모·형제 자리	태어난 연 조상 자리	
庚 경금	戊 무토	癸 계수	乙 을목	천간
申 신금	戌 술토	未 미토	酉 유금	지지

아진이가 태권도를 잘할 수밖에 없는 것은 그 자신이 강한 데다가 또 내놓는 힘이 강하기 때문이다. 곧 아진이는 무토戊로 월의 지지에 미토未가 있어 강한데, 또 연의 지지에 유금酉이 있어 상생으로 토土에서 금金을 강하게 내놓을 수 있는 것이다. 내놓을 수 있는 힘이 강하게 있다는 것은 재주가 뛰어난 것이며, 자신이 육체적으로 강하면서 재주가 뛰어나면 팔다리로 그 재주를 힘차게 펼칠 수 있으니 바로 운동이다. 아진이가 태권도를 잘할 수 있고 앞으로 성공할 수 있는 것은 바로 이와 같은 사주 구조를 가졌기 때문이다.

아진이의 경우에는 운까지 그와 같은 특성을 잘 살리도록 흘러서 태권도 같은 운동으로 대성할 수 있다. 태권도를 전공으로 할 수 있는 학교를 보내 자신의 넘치는 힘을 마음껏 발휘하게 하고, 또 잘 이끌어 줄 수 있는 스승을 찾아주면 좋다. 다만 마음에 들지 않는 것이 있으면 바로잡으려는 금金의 특성이 강해 친구들과 충돌이 생길 수 있으니, 늘 너그러운 마음을 갖고 기분이 나쁠지라도 절대 무력을 사용하지 않고 조용히 말로 해결하도록 교육시켜야 한다.

자기 자신의 오행과 재주의 오행이
연과 월의 지지에 있으면 운동선수로 성공할 수 있다.

1. 갑목[甲]이나 을목[乙] 일간의 운동선수 사주

태어난 날의 천간이 갑목 甲 이나 을목 乙 일 때, 연이나 월의 지지에 목 木 과
화 火 가 있으면 운동에 소질이 있다.

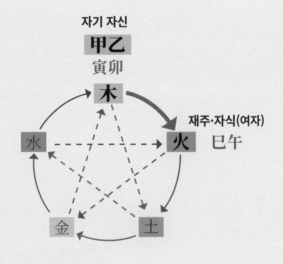

시주	일주	월주	연주
	갑(甲) 또는 을(乙)		
		사(巳) 또는 오(午)	인(寅) 또는 묘(卯)

➤ 두 칸의 위치가
바뀌어 있어도 됨

2. 병화[丙]나 정화[丁] 일간의 운동선수 사주

태어난 날의 천간이 병화 丙 나 정화 丁 일 때, 연이나 월의 지지에 화 火 와
토 土 가 있으면 운동에 소질이 있다.

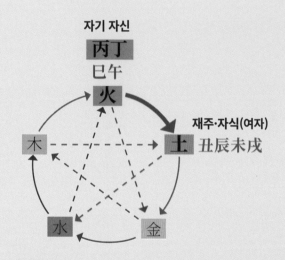

시주	일주	월주	연주
	병(丙) 또는 정(丁)		
		사(巳) 또는 오(午)	진(辰) 또는 미(未)[1]

▶ 두 칸의 위치가
바뀌어 있어도 됨

---

1 지지의 토에는 술(戌) 또는 축(丑)이 더 있으나 토로서의 역할이 약하기 때문에 제외했다.

3. 무토[戊]나 기토[己] 일간의 운동선수 사주

태어난 날의 천간이 무토 戊 나 기토 己 일 때, 연이나 월의 지지에 토 土 와
금 金 이 있으면 운동에 소질이 있다.

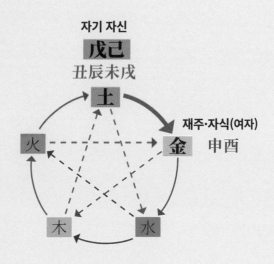

시주	일주	월주	연주
	무(戊) 또는 기(己)		
		진(辰) 또는 미(未)	신(申) 또는 유(酉)

► 두 칸의 위치가
바뀌어 있어도 됨

4. 경금[庚]이나 신금[辛] 일간의 운동선수 사주

태어난 날의 천간이 경금 庚 이나 신금 辛 일 때, 연이나 월의 지지에 금 金 과 수 水 가 있으면 운동에 소질이 있다.

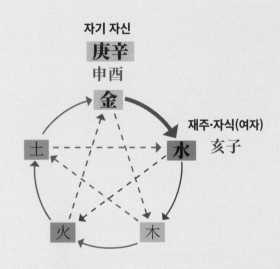

시주	일주	월주	연주
	경(庚) 또는 신(辛)		
		신(申) 또는 유(酉)	해(亥) 또는 자(子)

▶ 두 칸의 위치가
바뀌어 있어도 됨

5. 임수[壬]나 계수[癸] 일간의 운동선수 사주

태어난 날의 천간이 임수 壬 나 계수 癸 일 때, 연이나 월의 지지에 수 水 와
목 木 이 있으면 운동에 소질이 있다.

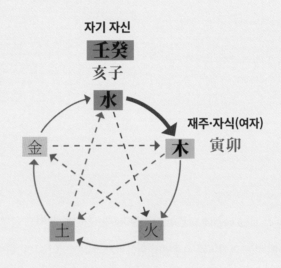

시주	일주	월주	연주
	임(壬) 또는 계(癸)		
		해(亥) 또는 자(子)	인(寅) 또는 묘(卯)

▶ 두 칸의 위치가
바뀌어 있어도 됨

2강

타고난 예술 재능은
어디서 왔을까?

몇 주가 지난 다음에 하진이가 현진이라는 친구를 데리고 공부방에 또 찾아왔다. 저번에 나눈 아진이의 사주명리 이야기가 재미있었나 보다. 이번에는 현진이의 사촌언니 이야기를 꺼내며 사주에 드러난 재능에 관해 묻는다. 한창 공부할 시기에 혹 명리 공부에 빠질까 봐 걱정이 앞서지만 일단 설명은 해 주기로 했다.

하진 현진이의 사촌언니는 선화예술고등학교를 나왔는데, 중학교 3학년 여름방학 때부터 몇 개월 공부해서 합격했다고 해요. 초등학교 때부터 열심히 준비해도 들어가기 어려운 학교라던데, 그런 것도 사주로 설명할 수 있을까요?

하쌤 그 언니의 생년월일시를 알고 있니?

하진 네. 양력으로 1987년 2월 13일 12시 22분에 태어났다고 해요.

하쌤 와아! 미술에 천부적인 재능을 가진 분이네.

태어난 시 자식 자리	태어난 일 자신·배우자 자리	태어난 월 부모·형제 자리	태어난 연 조상 자리	
戊 무토	癸 계수	壬 임수	丁 정화	천간
午 오화	巳 사화	寅 인목	卯 묘목	지지

현진 정말 그런 것이 사주에 나오나요? 언니가 그림은 진짜 잘 그려요!

하쌤 현진아, 음양오행에 대해 공부하면 사람이 어떤 재능을 타고났는지 바로 알 수 있어. 물 水 로 간단히 설명해 줄게. 봄·여름·가을·겨울에 물이 어떤 상태로 있는지 한번 말해 볼래?

현진 따뜻한 봄에는 얼음이 녹으며 물이 흘러나오고, 여름엔 더워서 물이 수증기가 되어 하늘로 올라가고요. 가을은 쌀쌀하니 수증기가 엉겨 서리로 변해 내려오고, 추운 겨울엔 얼음으로 꽁꽁 얼어붙어 뭉쳐 있지요.

하쌤 그렇지. 봄에 얼음이 녹으며 물이 흘러나오는 것을 목木이라고 하고, 여름에 수증기가 되어 하늘로 올라가는 것을 화火라고 하며, 가을에 서리가 되어 내려오는 것을 금金이라고 하고, 겨울에 얼음이 되어 뭉쳐 있는 것을 수水라고 해. 그리고 목木과 화火를 양(陽)이라고 하고, 금金과 수水를 음(陰)이라고 하는데, 그 가운데에서 이것들을 서로 이어 주며 중계·전환하는 것은 토土의 역할이야. 이렇게 다섯 단계로 흘러가는 것이 오행이야.

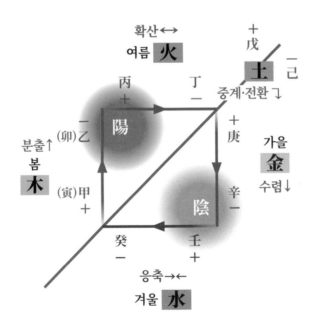

현진 네, 잘 알겠어요. 하지만 오행의 작용이 언니가 그림 잘 그리는 것과 무슨 관계가 있어요?

하쌤 그림에서 목 木 ·화 火 ·토 土 ·금 金 ·수 水 가 서로 이어지며 흐른다는 것쯤은 이해되겠지?

현진 그럼요. 봄 木 과 여름 火 이 가을 金 과 겨울 水 로 이어지기 위해 중간에 토 土 가 개입된다고 하셨잖아요.

태어난 시 자식 자리	태어난 일 자신·배우자 자리	태어난 월 부모·형제 자리	태어난 연 조상 자리	
戊 무토	癸 계수	壬 임수	丁 정화	천간
午 오화	巳 사화	寅 인목	卯 묘목	지지

하쌤 그걸 이해했다면 언니의 사주를 다시 살펴보자. 위의 사주에서 언니는 태어난 날의 천간 계수 癸 야. 그런데 태어난 달과 해의 지지에 인목 寅 과 묘목 卯 이 있잖니. 이때 나무 木 는 자기 자신인 수 水 가 내놓는 것이어서, 언니의 표현력이 아주 강하다는 걸 보여 줘. 자신까지 강하면서 내놓는 힘이 강하다면 운동으로 나가기 쉽고, 자신이 약하면서 내놓는 힘이 강하다면 예능으로 나가기 쉽거든.

현진 자신이 약하고 내놓는 힘이 강하다는 것은 무엇을 보고 알 수 있나요?

하쌤   방금 언니 자신은 태어난 날의 천간 계수癸라고 했지? 이 계수에 힘이 있기 위해서는 태어난 달이나 해의 지지에 자기 자신과 같은 오행, 그러니까 해수亥나 자수子가 있어야 해. 그런데 언니의 사주에는 월이나 연의 지지에 물水이 없으니, 자신이 약하다고 하는 거야.

현진   왜 꼭 자신과 같은 오행이 연이나 월의 지지에 있어야 자신이 강하다고 하나요?

하쌤   먼저 지지에 있어야 하는 이유부터 설명해 줄게. 천간은 기운의 작용으로 마음과 관계가 있고 지지는 형질의 작용으로 육체와 관계가 있어. 체력은 마음만 강하다고 되는 것이 아니라 육체가 강해야 하잖아. 그리고 연이나 월의 지지에 있어야 강하다고 하는 이유는 24시간이 하루가 되고, 30일이 한 달이 되며, 12달이 한 해가 되니, 연과 월에 있는 것이 일과 시에 있는 것보다 강할 수밖에 없지.

태어난 시 자식 자리	태어난 일 자신·배우자 자리	태어난 월 부모·형제 자리	태어난 연 조상 자리	
戊 무토	癸 계수	壬 임수	丁 정화	천간
午 오화	巳 사화	寅 인목	卯 묘목	지지

현진   그렇다면 마찬가지로 계수癸인 언니 자신이 내놓는 오행인 인목寅과 묘목卯이 월과 연의 지지에 있기 때문에 그림을 잘 그릴 수 있다고 하는 거군요.

하쌤 바로 그거야. 다시 정리하자면 태어난 날의 천간 계수 癸 는 자기 자신을 상징하는데, 연이나 월의 지지에 자기와 같은 오행인 해수 亥 나 자수 子 가 없기 때문에 육체적인 힘이 강하지는 않아. 그러나 월과 연의 지지에 인목 寅 과 묘목 卯 이 있어 목 木 이 아주 강해. 그리고 수 水 에게 목 木 은 수 水 가 내놓는 것으로 재주의 오행이야.

하진 수 水 에서 나온 오행 목 木 이 강하면 그림을 잘 그리는 이유가 뭐죠?

하쌤 만일 하진이 네가 재주가 좋으면 네 안에 있는 것을 잘 표현해 낼 수 있어. 그런데 자신이 내놓는 재주의 오행이 천간에 있으면 기운의 작용이기 때문에 무형의 음악이나 문학 같은 계열에 강하고, 지지에 있으면 기질의 작용이기 때문에 유형의 미술 계열 같은 것에 강해.

현진 예. 알겠어요. 다들 언니가 중학교 3학년 때부터 몇 달 준비해서 선화예고에 들어가 깜짝 놀라워했어요. 예고 입시를 시작한 얘기도 특이해요. 큰엄마가 우연히 언니 어릴 때 미술 선생님을 만났는데 "따님이 지금도 그림 잘 그리는지요? 참 재주가 뛰어났고 잘 그렸어요."라고 했다고 해요. 그래서 큰엄마가 언니에게 그 말을 했더니, 언니가 "지금까지 말하지 못했는데 사실 그림 그리는 것이 소원이야."라고 해서 몇 달 학원 보내고 몇 달 미대생에게 개인과외 시켜 주었다고 했어요.

하쌤 충분히 사람들을 놀라게 할 수 있을 정도로 미술에 뛰어난 사주야. 사실 이건 좀 복잡한 설명인데 현진이 언니는 연과 월의 지지뿐만 아니

라 천간까지 모두 목 木 이 되어 그림에 천부적인 자질이 있다고 봐
야 해.

태어난 시 자식 자리	태어난 일 자신·배우자 자리	태어난 월 부모·형제 자리	태어난 연 조상 자리	
戊 무토	癸 계수	壬 임수	丁 정화	천간
午 오화	巳 사화	寅 인목	卯 묘목	지지

하진 월과 연의 천간에 임수 壬 와 정화 丁 가 있는데, 어떻게 목 木 이 있다
고 할 수 있어요?

하쌤 천간이 서로 합해서 변하는 법칙[1]이 있는데, 임수 壬 와 정화 丁 가 서
로 붙어 있으면 합해서 목 木 으로 변해. 그런데 얘들아, 이제부터는
명리 공부에 관심을 갖는 것은 잠시 미루고 입시부터 열심히 준비해
야 해. 이런 공부는 관심만 있으면 학교를 졸업한 다음에도 얼마든지
할 수 있어. 알았지?

태어난 시 자식 자리	태어난 일 자신·배우자 자리	태어난 월 부모·형제 자리	태어난 연 조상 자리	
戊 무토	癸 계수	壬 임수 + 丁 정화 = 목		천간
午 오화	巳 사화	寅 인목	卯 묘목	지지

---

1 천간의 합. 갑목(甲)은 기토(己)와 합해 토(土)로, 을목(乙)은 경금(庚)과 합해 금(金)으로, 병화(丙)는 신금(辛)과 합해 수(水)
로, 정화(丁)는 임수(壬)와 합해 목(木)으로, 무토(戊)는 계수(癸)와 합해 화(火)로 변한다.

현진 　네. 그런데 언니가 요즘 고민이 많거든요. 오늘 들은 말을 전해 주면 언니가 쌤을 만나 뵙고 싶어 할 텐데 만나 주실 수 있나요?

　며칠 후 현진이의 큰어머니가 찾아뵙겠다고 연락해 왔다. 괜찮다고 했더니, 그다음 날 바로 찾아오셨다.

큰엄마 　현진이에게 말씀 많이 들었어요. 선생님께서 이 동네에서 공부도 잘 가르치시고 아이들도 잘 따르며 사주도 잘 보신다고 소문이 났어요. 그런 분을 이렇게 뵙게 되어 영광이에요.

하쌤 　아유! 헛소문이에요. 아이들하고 생활하다 보니, 작은 일도 크게 부풀려져 소문이 나요. 부끄럽습니다.

큰엄마 　선생님께서 우리 큰딸 사주를 보신 것처럼 그림에 재주가 있어 조금 공부해서 선화예고에 들어갔고 또 이화여대 미대를 나왔어요. 현재는 강남의 유명학원에서 강사를 하고 있는데, 장래가 걱정되어 선생님께 여쭤 보고 싶어 이렇게 결례를 무릅쓰고 찾아뵈었네요.

하쌤 　사주로 볼 때, 따님은 미술에 탁월한 재능을 가졌으나 큰 회사에 취직하거나 미술학원을 직접 운영하기는 어려워요. 지금처럼 미술학원 강사로 있다면 적성에 맞고 능력도 있으니 수입도 괜찮을 텐데요.

큰엄마 　안 그래도 가구 디자인을 하는 큰 기업에 취직했다가 금방 그만두고는 계속 학원 강사로 있어 무척 안타까웠어요. 순수미술을 했기 때문에 이러고 있는지 사주가 좋지 않아 그런지 걱정되어서요. 유학이라도 보내야 하는 건가요?

태어난 시 자식 자리	태어난 일 자신·배우자 자리	태어난 월 부모·형제 자리	태어난 연 조상 자리	
戊 무토	癸 계수	壬 임수	丁 정화	천간
午 오화	巳 사화	寅 인목	卯 묘목	지지

하쌤 글쎄요. 지난 번 좋은 직장에 다니다가 그만둔 데는 이유가 있어요. 태어난 시의 천간에 있는 무토戊 는 계수癸 자신을 극하는 것으로 직장·명예·배우자를 상징하는데, 공망[1]으로 인연이 적어 제 역할을 제대로 하지 못하고 있어요. 일의 기둥 외에 나머지 세 기둥에서 어떤 지지든지 공망이 되면, 그 위의 천간도 함께 공망이 되는데, 이럴 경우 원래 역할의 60% 정도도 못하게 되어 버려요. 그래서 큰 회사에 있는 것이 적성에 맞지 않아 지금처럼 학원 강사로 있다고 봐야 할 거예요.

큰엄마 그렇다면 계속 큰 회사에 들어가지 못하고 미술학원 강사로 저렇게 지내도록 놔둬야 하는 건가요?

---

1 공망(空亡)은 10천간과 12지지가 서로 결합할 때, 천간이 두 개 모자라서 생긴다. 사주 당사자의 태어난 날 계사(癸巳)를 기준으로 할 때, 오화(午)와 미토(未)가 공망이다. 그런데 오화가 태어난 시에 있고 그 위에 무토(戊)가 있어 그것까지 함께 공망이 되었다. 사주에 공망이 있으면 그것이 제 역할을 60% 이상 하지 못한다고 보면 된다.

하쌤　번듯한 회사에 다니지 못하는 것은 서운하겠지만 작은 곳일지라도 자신의 재주를 그대로 발휘할 수 있는 곳이 따님의 특성에 맞아요. 그러니 강사로서 실력을 더욱 키워 그곳에서 명강사로 이름을 날리는 방법을 찾아봐야 할 거예요.

큰엄마　제가 명리에 관심이 있어 육친 정도는 알고 있어요. 제 딸 사주에서 태어난 시에 있는 무토 戊 는 딸인 계수 癸 를 극하기 때문에 직장은 물론 남편까지 상징하잖아요. 그런데 제 딸의 경우에 하나뿐인 무토 戊 가 공망으로 제 역할을 하지 못한다면 배우자복도 없는 건가요?

하쌤　무토 戊 가 온전한 것만은 못하지만 그래도 무오(戊午)로 오화 午 위에 있는 것이라서 괜찮아요. 화생토(火生土)로 힘이 더해져 워낙 뛰어나니 좋은 배우자를 만날 수 있어요. 그런데 공망으로 제 역할을 하지 못하는 것은 서로의 친밀하지 못한 관계에서 나오는 것이기 때문에 언제나 그렇다는 걸 알고 지혜롭게 처신하면 돼요. 그렇게 하지 않으면 부부관계가 위태로울 수 있다고 봐야 해요.

큰엄마　배우자도 직장처럼 불안하다는 말씀인가요?

하쌤　너무 걱정하지 마셔요. 사주에는 항상 좋은 것만 있는 것이 아니라 좋은 것이 반, 나쁜 것이 반 이렇게 서로 섞여 있어요. 따님이 그림 그리는 데에 천부적으로 탁월한 재주가 있다면, 직장이나 배우자에 아주 약간 부족한 점이 있다고 할 수 있어요. 하지만 그런 것은 사람의 힘으로 노력하면 얼마든지 극복할 수 있으니, 서로 부족한 면을 보완하면서 살면 괜찮아요.

큰엄마 계속 제대로 된 직장에 들어가지 못해 마음이 아픈데 배우자까지 그렇다면 참 큰일이잖아요. 노력하면서 살면 괜찮다니 그나마 마음의 위안이 되네요. 그밖에 살면서 조심할 것은 없는지요?

하쌤 자기 자신인 계수 癸가 약한데 운이 그 반대 기운인 화 火로 흘러 몸 관리를 하지 않으면 몸이 자주 아플 수 있어요. 그러니 헬스나 수영 같은 운동을 꾸준히 하고, 그게 어렵다면 틈날 때마다 산책이라도 열심히 하라고 하세요. 그렇게 하지 않으면 견디기 힘들 거예요.

큰엄마 운동 좀 하라고 늘 잔소리를 하는데도 말을 듣지 않네요. 이렇게 시간을 내서 좋은 말씀 많이 해 주셔서 정말 고맙습니다.

사주로 볼 때, 순수미술이 아니라 산업디자인 같은 것이 맞아 더 자세히 물어보니, 서울대학교 미대를 두 번 떨어지고, 이화여자대학교 산업디자인과에 지원했으나 그곳마저 떨어져 순수미술을 전공했다고 한다. 직장의 오행을 뜻하는 관(官)과 인연이 적어 결국 취직에 유리한 학교나 과에 진학하지 못한 것으로 보인다. 사주에서 나타난 것처럼 학원에서는 강의를 잘해 여기저기서 오라고 하지만 몸이 약해 모두 다 소화하지 못하고 있는 상황이라고 했다.

해송쌤의 사주 구조 정리

태어난 시 자식 자리	태어난 일 자신·배우자 자리	태어난 월 부모·형제 자리	태어난 연 조상 자리	
戊 무토	癸 계수	壬 임수 + 丁 정화 = 목		천간
午 오화	巳 사화	寅 인목	卯 묘목	지지

현진이의 언니가 그림에 천부적인 재능이 있는 것은 태어난 날의 천간인 자신 水 에게서 내놓는 오행 목 木 이 강하기 때문이다. 태어난 해와 월의 지지가 목 木 인 데다가 그 천간에서 정화 丁 와 임수 壬 까지 합을 해서 목 木 으로 변했으니 위의 사주에서 연과 월은 모두 목 木 뿐이라고 봐야 한다. 천간과 지지의 역할을 구분하면, 천간의 임수 壬 와 정화 丁 가 합해 목 木 으로 변한 것은 정신의 작용이니, 음악이나 말재주 문학을 비롯해 추상적인 미술로도 사용

할 수 있고, 지지의 목木은 그림을 그리거나 조각을 할 때 손재주가 좋을 수 있다.

　이런 사주의 단점은 자기 자신인 계수癸가 약한 상태에서 기운이 목木으로 분출되고 화火로 확산되어 나간다는 점이다. 그렇기 때문에 화가 나거나 다급한 경우에 자신의 중심을 잡지 못하고 정신없이 휩쓸리거나 절제 없이 함부로 행동하기 쉽다. 물론 이런 특성이 예술적으로 잘 표현될 때는 훌륭한 작품을 남기기도 하지만 인간관계에서 잘못 사용될 경우에는 사람들에게 큰 실수를 하게 되고 상처를 남길 수 있으니 각별히 조심해야 한다. 천부적인 자질이 장점으로 있는 그만큼 절제를 하지 못하는 단점이 있을 수 있다는 말이다.

시의 간지 자식 자리	일의 간지 자신·배우자 자리	월의 간지 부모·형제 자리	연의 간지 조상 자리	
庚 경금	戊 무토	癸 계수	乙 을목	천간
申 신금	戌 술토	未 미토	酉 유금	지지

　만약 현진이 언니가 운동을 잘할 수 있으려면, 위의 사주에서 일간 무토戊의 뿌리로 미토未가 월지에 있고 연주에 유금酉이 있어 토생금(土生金)하는 것처럼 자신의 뿌리가 있으면서 수생목(水生木)해야 한다. 곧 연주나 월주의 지지에 있는 인목寅이나 묘목卯 어느 하나 대신 해수亥나 자수子가 있어 일간 계수癸의 뿌리가 되면서 수생목(水生木)으로 펼칠 수 있어야 한다. 이렇게 되었을 경우에는 목木의 분출을 살려 높이 날아오르는 운동이나 달리기 같은 것에 소질이 있을 수 있다. 위의 태권소녀의 경우, 금金이 태권도로 사용된 것은 금金의 수렴하는 기운이 사람을 치고 때리는 데에 적합하기 때문이다.

태어난 시 자식 자리	태어난 일 자신·배우자 자리	태어난 월 부모·형제 자리	태어난 연 조상 자리	
戊 무토	癸 계수	壬 임수	丁 정화	천간
午 오화	巳 사화	寅 인목	卯 묘목	지지

　현진이의 언니는 천간과 지지에 목木을 강하게 가지고 있기 때문에 추상적인 그림이나 사실적인 그림 모두에 소질에 있고, 두 가지를 적당히 조합시켜 창의적인 그림을 그리는 데도 뛰어날 수 있다. 또 일지와 시지에 재물을 상징하는 화火가 있어 광고와 같은 상업적인 그림에도 능할 수 있고, 태어난 달의 지지 인목寅과 태어난 날의 지지 사화巳가 형(刑)으로 서로 싸우고 있어[1] 다른 사람의 그림을 지적·보완하는 데에도 탁월한 능력이 있다. 또 상상하여 그리면서 수정·보완하는 재주가 뛰어나 공업디자인이나 제품디자인을 전공하는 것도 좋지만 직장의 오행인 관성이 공망이라 실제로 취직해서 사용하기는 어렵다. 꼬집으며 싸우는 특성은 학생들의 잘못을 지도하는 데에도 적합한 능력이 될 수 있으니, 그 전공을 교직이나 강사 같은 교육으로 살려도 좋다. 다만 관과 인연이 적어 큰 회사에 오래 다니기 어려우니, 지금처럼 강사로 있으면서 자신의 능력을 더욱 개발하며 지내는 것이 좋다.

　사실 사주를 오랫동안 봐 왔지만 아주 좋은 사주는 정말 드물어 백에 한둘도 잘 없다. 오행의 특성 때문에 한쪽이 좋으면 그 반대쪽이 나쁠 수밖에 없기 때문이다. 그런데 사주가 아주 좋을 경우에는 모든 오행이 골고루 상생의 구조로

1 　지지의 형(刑)중에서 인(寅)·사(巳)·신(申)이라는 삼형에 해당한다. 두 글자 이상이 서로 붙어 있을 경우, 일반적으로 의료적인 사건이나 법률적인 사건 등으로 문제가 생겼을 때 사람들끼리 서로 조정·타협하거나 개인적으로 몸을 조정하는, 곧 수술하는 특성이 있는 것으로 해석한다. 94쪽 각주 참조.

있으면서 서로 부딪히지 않고, 또 대운까지도 그 시기에 맞게 적절히 잘 흘러 가는 것이다. 시기에 적절하게 흘러간다는 것은 소년기에는 공부의 대운이 와서 열심히 공부할 수 있게 하고, 취직할 시기에는 직장의 대운이 와서 좋은 회사에 들어갈 수 있게 하며, 사업할 시기에는 재주와 재물의 대운이 와서 좋은 재주로 돈을 벌게 하고, 노년기에는 재주의 대운이 와서 신나게 놀 수 있게 하는 것이다.

필자는 아직까지 이렇게 좋은 사주를 본 적이 없다. 하지만 오행이 골고루 있지 않을지라도 대운이 어느 정도 시기적절하게 흘러 주어 아주 잘 사는 경우는 간혹 본다.

사실 대부분 사람들의 사주는 위의 경우보다 훨씬 못하다. 위의 사주는 그림에는 천재라고 해야 하고, 또 공망으로 직장이나 배우자에 다소 흠이 있을지라도 재물운이 잘 흘러 살아가는 데에는 별 지장이 없기 때문이다. 어쩌면 저런 사주가 자신의 재능을 발휘하기에는 더욱 좋을 수도 있으니, 학원 강의를 적당히 조절하면서 미술 활동을 계속할 수 있기 때문이다. 결국 삶을 바라보는 관점에 따라 사주를 다르게 해석할 수도 있다는 말이다.

재주의 오행이 연이나
월의 지지에 있으면 미술 계통으로 성공할 수 있다.

1. 갑목[甲]이나 을목[乙] 일간의 미술 사주

태어난 날의 천간이 갑목 甲 이나 을목 乙 일 때, 연이나 월의 지지에 화 火 가
있으면 미술에 소질이 있다.

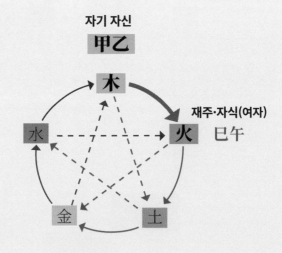

시주	일주	월주	연주[1]
	갑(甲) 또는 을(乙)		
		사(巳) 또는 오(午)	

▶ 두 칸의 위치가
바뀌어 있거나
두 곳 모두 있어도 됨

2. 병화[丙]나 정화[丁] 일간의 미술 사주

태어난 날의 천간이 병화 丙 나 정화 丁 일 때, 연이나 월의 지지에 토 土 가 있으면 미술에 소질이 있다.

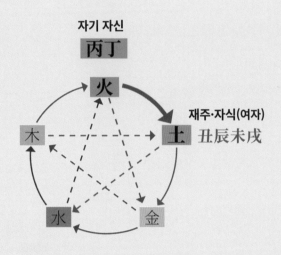

시주	일주	월주	연주
	병(丙) 또는 정(丁)		
		진(辰) 또는 미(未)[1]	

▶ 두 칸의 위치가 바뀌어 있거나 두 곳 모두 있어도 됨

---

1 지지의 토에는 술(戌) 또는 축(丑)이 더 있다. 토로서의 역할이 약하기 때문에 생략하였는데 약하게는 쓸 수 있다.

3 무토[戊]나 기토[己] 일간의 미술 사주

태어난 날의 천간이 무토 戊 나 기토 己 일 때, 연이나 월의 지지에 금 金 이 있으면 미술에 소질이 있다.

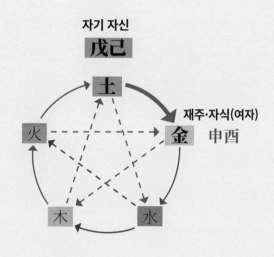

시주	일주	월주	연주
	무(戊) 또는 기(己)		
		신(申) 또는 유(酉)	

→ 두 칸의 위치가 바뀌어 있거나 두 곳 모두 있어도 됨

4 경금[庚]이나 신금[辛] 일간의 미술 사주

태어난 날의 천간이 경금 庚 이나 신금 辛 일 때, 연이나 월의 지지에 수 水 가 있으면 미술에 소질이 있다.

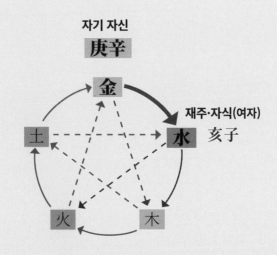

시주	일주	월주	연주
	경(庚) 또는 신(辛)		
		해(亥) 또는 자(子)	

→ 두 칸의 위치가 바뀌어 있거나 두 곳 모두 있어도 됨

5 임수[壬]나 계수[癸] 일간의 미술 사주

태어난 날의 천간이 임수 壬 나 계수 癸 일 때, 연이나 월의 지지에 목 木 이 있으면 미술에 소질이 있다.

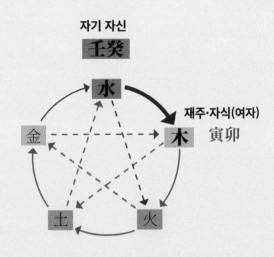

시주	일주	월주	연주
	임(壬) 또는 계(癸)		
		인(寅) 또는 묘(卯)	

▶ 두 칸의 위치가
바뀌어 있거나
두 곳 모두 있어도 됨

3강

다재다능한 우리 아이의
진짜 적성은?

음악가 집안에서 태어난 인규는 2016년인 병신(丙申)년에 피아노 연주로 콩쿠르에서 대상을 받았다. 당연히 피아노 쪽으로 나갈 것이라 예상했는데, 인규가 축구도 좋아하고 무척 잘해 앞으로 피아노보다는 그쪽으로 나가고 싶어 한다고 했다. 장래가 걸린 중요한 결정에 조금 도움이 될까 싶어 사주를 살펴보니, 축구가 잘 맞지는 않았다. 이럴 때는 얘기를 해 주는 게 나을까 고민이 된다. 조심스러워서 해송쌤께 다시 확인까지 하고, 말하기를 망설이던 차에 음악이 전공인 인규의 어머니가 공부방에 찾아오셨다.

인규맘　안녕하세요. 선생님께서는 시간이 갈수록 젊어지시네요.

하쌤　무슨 말씀을요. 오늘은 학교에 안 가셨나 봐요?

인규맘　대학은 방학이 빠르잖아요. 애만 맡겨 놓고 선생님을 한동안 뵙지도
못해 인사도 드릴 겸, 선생님께서 사주도 잘 보신다고 해서 아들 진로
에 대해 상담하려고 왔어요.

하쌤　아, 마침 잘 되었네요!

태어난 시 자식 자리	태어난 일 자신·배우자 자리	태어난 월 부모·형제 자리	태어난 연 조상 자리	
丁 정화	丁 정화	丙 병화	己 기토	천간
未 미토	酉 유금	寅 인목	丑 축토	지지

인규맘　인규는 어릴 때부터 피아노를 열심히 쳐서 대상까지 받았는데, 이제
그걸 그만두고 축구를 하겠다고 난리를 치네요. 미리 진로를 정해 주
는 것이 좋을 텐데, 계속 피아노를 시켜야 할지 아니면 원하는 대로 축
구를 하라고 해야 할지 고민이에요.

하쌤　사주로 볼 때, 인규는 축구보다는 피아노를 그대로 하는 것이 나아요.
음양오행을 어느 정도만 알아도 별로 어려울 게 없으니 설명해 드릴
게요. 오행은 천지의 기운이 일정하게 주기적으로 순환하면서 사람을

비롯해 천지만물에 영향을 미치는 것이에요. 인규는 오행으로 보자면 정화丁인데, 불이 타고 나면 재가 남듯이 불이 낳아 주는 오행 토土가 있어 재주가 있어요. 아드님이 피아노를 잘 치거나 악기를 잘 연주하는 것은 그 때문이에요.

태어난 시 자식 자리	태어난 일 자신·배우자 자리	태어난 월 부모·형제 자리	태어난 연 조상 자리	
丁 정화	丁 정화	丙 병화	己 기토	천간
未 미토	酉 유금	寅 인목	丑 축토	지지

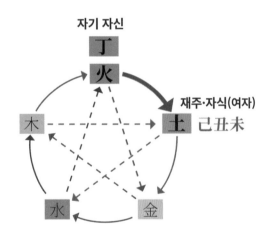

인규맘 재주가 있는 것은 축구를 잘하는 것과는 관계가 없나요?

하쌤 재주도 중요하지만 운동선수의 기본 조건은 튼튼한 몸이잖아요. 사주에서 그 사람이 튼튼한지 그렇지 않은지 알아보는 방법은 간단해요. 태어난 날의 천간 정화 丁 는 자기 자신을 상징하는데, 이것과 같은 오행인 화 火 가 태어난 달이나 태어난 해의 지지에 있으면 튼튼한 것이에요. 어떤 간지이든지 태어난 달이나 태어난 해에 있으면 그만큼 힘이 세요. 연·월·일·시의 순서대로 힘이 세거든요.

인규맘 인규는 월의 천간에 병화 丙 가 있고 태어난 시의 천간에 정화 丁 가 있는데, 이것들이 튼튼한 몸과는 관계가 없나요?

하쌤 천간은 정신적인 것이고, 지지는 육체적인 것이거든요. 그러니 월의 천간에 병화 丙 가 있고, 시의 천간에 정화 丁 가 있는 것은 튼튼한 몸이 아니라 마음 곧 의지와 관계된 것이에요.

인규맘 그렇군요. 인규는 천간에만 있네요.

하쌤 인규에게 재주가 있는 것은 태어난 해의 천간이 기토 己 이고 지지가 축토 丑 이며, 태어난 시의 지지가 미토 未 이기 때문이에요. 피아노를 잘 치는 것은 태어난 해의 천간 기토 己 와 관련이 깊어요. 음악은 소리이니 재주 중에서도 무형의 재주와 관계되기 때문이에요. 또한 축구를 잘 하는 것은 태어난 해의 지지 축토 丑 와 시의 지지 미토 未 의 영향이니, 운동은 지지인 몸과 관계되기 때문이에요.

인규맘 축구 코치님은 인규가 축구에 재능이 있다고 하시던데, 사주와는 서로 맞지 않는 건가요?

하쌤   재능이 있는 것은 맞아요. 사주로 볼 때에도 인규는 재주가 있어요. 그
       중 천간의 기운과 관계된 것이 소리라는 음악으로, 지지의 형질과 관
       계된 것이 축구라는 운동으로 나타났다는 것이지요. 그러나 운동의
       첫째 조건은 체력이잖아요.

인규맘   인규가 서너 살 때까지는 다소 몸이 약했지만 그 이후부터는 크게 아
       픈 적도 없고 튼튼하게 잘 자랐어요. 그리고 요즘은 몇 시간씩 축구연
       습을 하고 와도 지쳐 있기보다는 신이 나 있어요.

하쌤   어머니 말씀이 맞아요. 인규가 그럴 수 있었던 것은 해마다 흘러가는
       세운과 관계가 있어요. 인규는 7살 때인 2015년 을미(乙未)년에 축구
       를 시작했잖아요.

인규맘   세운이요? 좀 쉽게 설명해 주셨으면…….

태어난 시 자식 자리	태어난 일 자신·배우자 자리	태어난 월 부모·형제 자리	태어난 연 조상 자리	
丁 정화	丁 정화	丙 병화	己 기토	천간
未 미토	酉 유금	寅 인목	丑 축토	지지

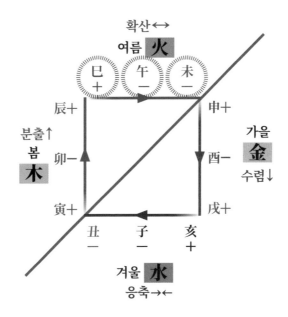

하쌤 　인규는 태어난 연이나 월의 지지에서 화火가 받쳐 주지 않아 체력이
　　　강하지 못해요. 그래서 축구가 맞지 않다고 말씀드린 것이고요. 그런
　　　데 2014년 갑오(甲午)년·2015년 을미(乙未)년에는 지지에서 오화午
　　　와 미토未가 와서 운동을 잘 하도록 도와주었어요. 그림을 보시면,
　　　사巳·오午·미未가 화火의 여름에 속해 있는 것이 보이지요?

인규맘 　잠깐만요, 매년 달라지는 세운에서 도와주어 체력이 강해졌고 또 재
　　　주를 더 잘 부리게 되었다는 말씀인가요?

하쌤 　그렇습니다. 그런데 사실 세운에서 축구만 도와준 것은 아니에요.
　　　2016년 병신(丙申)년 때 피아노 콩쿠르 대상 받는 것까지도 도왔어요.

인규맘 그것이 정말인가요?

태어난 시 자식 자리	태어난 일 자신·배우자 자리	태어난 월 부모·형제 자리	태어난 연 조상 자리	
丁 정화	丁 정화	丙 병화	己 기토	천간
未 미토	酉 유금	寅 인목	丑 축토	지지

하쌤 네. 정화 丁 인 인규에게 태어난 해의 천간 기토 己 는 천간에 있는 재
주이기 때문에 무형의 음악 같은 것에 뛰어날 수 있어요. 그런데 재주
의 상징 기토 己 는 2016년 병신(丙申)년에 재주를 특히 더 잘 부릴 수
있어요.[1]

인규맘 인규가 음악에 재능이 뛰어나지 않은데, 2016년 병신(丙申)년이라는
당시의 세운에서 도와 상을 탔다는 것인가요?

하쌤 재주가 뛰어나지 않은 것은 아니에요. 하지만 재주를 타고 나는 것만
큼이나 운이 어떻게 흘러가는지도 중요해요. 재능이 아무리 뛰어나다
고 해도, 운이 받쳐 주지 않으면 그 재능을 발휘하기 힘들겠지요. 게다
가 매년 기해년, 경자년 등으로 한 해 한 해의 운이 흐르듯이 10년씩
흘러가는 대운이 있어요. 대운은 더욱 중요해요. 그런데 인규는 대운
이 초년에 기토 己 를 돕는 사 巳 ·오 午 ·미 未 ·신 申 ·유 酉 로 흐르지

---

1 사주 용어로 신금(申)을 기토(己)의 목욕지라고 하는데, 예능 계통의 사람들에게는 재주를 세상에 뽐낼 수 있는 기회다.

않고 40대 중반 이후부터 흐르기 시작해요.[2]

인규맘 그러면 인규는 40대 중반까지는 뛰어난 피아니스트가 될 수 없다는 건가요?

하쌤 피아노를 한다고 꼭 피아니스트가 되어야 하는 것은 아니잖아요. 공부를 해서 어머님처럼 가르치는 일이나 작곡을 할 수도 있겠지요. 인규에게는 공부의 오행 인목寅이 아주 잘 흘러가고 있으니, 성장하면서 점점 전공의 윤곽을 나타낼 수 있다고 봅니다. 그러니 너무 염려하지 마세요.

태어난 시 자식 자리	태어난 일 자신·배우자 자리	태어난 월 부모·형제 자리	태어난 연 조상 자리	
丁 정화	**丁 정화**	丙 병화	己 기토	천간
未 미토	酉 유금	**寅 인목**	丑 축토	지지

인규맘 음대 교수가 되는 것도 정말 쉽지 않아요.

하쌤 젊었을 때는 공부의 오행 인목寅이 계속 힘을 받으니, 열심히 공부해

---

2 대운은 태어난 월의 간지를 기준으로 10년씩 60갑자의 순서대로 또는 거꾸로 흘러간다. 인규의 사주에서는 월의 간지가 병인(丙寅)인데, 거꾸로 을축(乙丑)·갑자(甲子)·계해(癸亥)·임술(壬戌)·신유(辛酉)·경신(庚申)·기미(己未)·무오(戊午)·정사(丁巳)로 흐르기 때문에 초년에는 별로 도움을 받지 못한다고 한 것이다.

서 교직으로 나가도 돼요.[1] 그다음에 대학원을 나와 박사학위도 하면서 꾸준히 노력하면 음악으로 능력을 발휘할 날이 옵니다. 제 생각으로는 어린 나이에 이름을 날리고 사라지는 것보다 이렇게 적당한 나이에 실력을 발휘하는 것이 훨씬 더 좋습니다.

인규맘 그러니까 인규는 체력이 약해 축구가 맞지 않고, 음악도 젊은 날이 아니라 40대 중반 이후부터 빛을 보니, 음악과 관련 있는 다양한 길을 찾아 계속 노력하라는 말씀인가요?

하쌤 네. 제 실력이 부족해 인규의 사주는 제 스승님께 확인까지 했었어요. 남의 아들 사주를 허락 없이 본 것은 죄송하지만 제가 가르치는 아이들 성향도 파악하고 명리 공부를 하기 위해 그렇게 한 것이니 양해를 바랍니다.

인규맘 아니에요. 그 덕분에 오늘 제 아들에 대한 이야기 잘 들었어요. 앞으로 인규의 장래를 설계하는 데에 크게 참고하겠습니다.

하쌤 축구는 당장 그만두라고 하실 필요 없어요. 차츰 저절로 멀어지게 될 겁니다. 그때 공부를 하면서 음악의 길을 가라고 권해 주시면 됩니다.

인규맘 예. 잘 알겠어요. 오늘 바쁜 시간 내 주셔서 정말 고맙습니다.

---

1 초년에 대운이 을축(乙丑)·갑자(甲子)로 흘러가서 지지가 수(水)이기 때문에 수생목(水生木)으로 공부의 오행인 인목(寅)이 힘을 받는다는 것이다.

```
┌─────────────────────────────────────────────────────┐
│                                                       │
│              해송쌤의 사주 구조 정리                    │
│                                                       │
└─────────────────────────────────────────────────────┘
```

태어난 시 자식 자리	태어난 일 자신·배우자 자리	태어난 월 부모·형제 자리	태어난 연 조상 자리	
丁 정화	丁 정화	丙 병화	己 기토	천간
未 미토	酉 유금	寅 인목	丑 축토	지지

정화 丁 인 인규가 피아노에 재능이 있는 것은 태어난 해의 천간에 자신이 생해 주는 재주의 오행 기토 己 가 있기 때문이다. 그런데 그 기토 己 가 축토 丑 라는 기운이 꺾이는 곳에 있어 힘이 강하다고 할 수 없다.[2] 다만 2016년 병신(丙申)년에 콩쿠르에서 대상을 받은 것은 세운에서 신금 申 이 기토 己 재주를 특별히 빛나게 하는 목욕지의 해였기 때문이다. 이런 경우에 계속 음악을

---

2 천간은 그 아래에 어떤 지지가 있느냐에 따라 힘의 강약이 정해진다. 곧 간지의 생멸에 따라 그 힘의 강약이 성해지는 것으로 그 힘의 세기는 명리학에서 '12운성표'라는 것을 참조하면 된다.

하려면 대운에서 기토 己 를 크게 도와야 하는데, 초년에는 토 土 가 약화되는 수 水 대운으로 흐르기 때문에 그 힘을 빌릴 수도 없다.

태어난 시 자식 자리	태어난 일 자신·배우자 자리	태어난 월 부모·형제 자리	태어난 연 조상 자리	
丁 정화	丁 정화	丙 병화	己 기토	천간
未 미토	酉 유금	寅 인목	丑 축토	지지

88	78	68	58	48	38	28	18	8
丁	戊	己	庚	辛	壬	癸	甲	乙
巳	午	未	申	酉	戌	亥	子	丑

인규는 다행스럽게도 공부의 오행인 인목 寅 이 잘 흐른다. 이 때문에 음악을 교직 공부와 병행하면서 노력하면, 40대 중반 이후부터는 대운이 계속 재주의 오행을 돕기 때문에 자신의 재능을 마음껏 빛낼 수 있다.

인규가 축구를 좋아하는 것은 태어난 해의 지지에 축토 丑 가 있고 태어난 시의 지지에 미토 未 가 있기 때문이다. 그런데 여기서 다음 쪽의 그림처럼 축토 丑 는 수 水 인 해 亥 ·자 子 ·축 丑 에 속하기 때문에 토 土 로서의 기능이 약하다. 반면 축토 丑 와 달리 미토 未 는 아주 힘이 강하니, 그것은 미토 未 가 화 火 인 사 巳 ·오 午 ·미 未 에 속하는 토 土 이기 때문이다. 사주로 볼 때, 운동에 필요한 체력과 재주가 있으려면, 연이나 월의 지지에 자신의 오행 화 火 와 재주의 오행 토 土 가 강하게 있어야 한다. 그런데 인규는 그런 조건을 갖추지 못해 운동을 좋아하고 잘할지라도 오래도록 잘할 수 없다는 것이다.

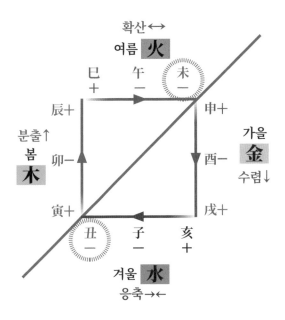

인규가 공부를 해서 대학원까지 가는 것이 좋다고 한 이유는 연지 축토 丑
옆의 월지에 공부의 오행인 인목 寅 이 있기 때문이다. 사주 구조가 이렇게 되
어 있으면 인목 寅 의 힘이 아주 강해진다. 축토 丑 의 역할은 분출하는 봄 木
의 인 寅 ·묘 卯 ·진 辰 이 잘 올 수 있도록 가을의 금 金 을 묻어 버리는 것이다.
특히 연주는 소년기를 상징하는데, 이때 재물과 여자를 상징하는 금 金 을 묻
어 버리니, 인규가 공부에 전념할 수 있게 도와준다. 그러므로 공부를 계속하
여 가능한 교직으로 나가면 앞으로 좋은 날이 온다는 것이다.

비록 현재 좋아하는 축구를 앞으로 잘하지 못한다는 것이 안타깝기는 하지만
이런 점에서 사실 인규의 사주는 더 없이 좋다. 공부할 나이에 공부해서 40대 중
반부터 신유(辛酉) 대운에 재물의 오행인 금 金 이 오면서 재주가 빛을 내기 때

문이다.[1] 대운이 시기적절하게 흐른다는 말은 바로 이런 경우에 해당하는 것이다. 신유 辛酉 라는 재물의 오행이 대운으로 와서 재주가 빛난다는 것은 재주로 재물을 벌어들인다는 것으로 해석할 수 있으니, 젊은 시절에 그 재주가 앞으로 빛을 내도록 열심히 노력해야 하는 것이다. 더구나 인규는 음악가 집안으로 그 자질을 얼마든지 더 발전시킬 수 있는 환경이 이미 마련되어 있으니, 스스로 음악을 할 수 있도록 묵묵히 이끌어 주기만 하면 된다.

---

1 재주의 오행인 기토(己)는 지지의 사(巳)·오(午)·미(未)·신(申)·유(酉)에서 힘을 발휘한다.

재주의 오행이
연이나 월의 천간에 있으면 음악으로 성공할 수 있다.

1. 갑목[甲]이나 을목[乙] 일간의 음악 사주

태어난 날의 천간이 갑목 甲 이나 을목 乙 일 때, 연이나 월의 천간에 화 火 가 있으면 음악에 소질이 있다.

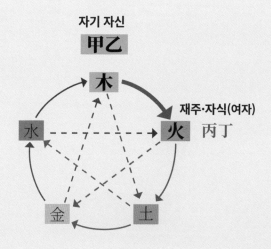

시주	일주	월주	연주
	갑(甲) 또는 을(乙)	병(丙) 또는 정(丁)	

▶ 두 칸의 위치가 바뀌어 있어도 되고 두 칸 모두 있어도 됨

2. 병화[丙]나 정화[丁] 일간의 음악 사주

태어난 날의 천간이 병화 丙 나 정화 丁 일 때, 연이나 월의 천간에 토 土 가 있으면 음악에 소질이 있다.

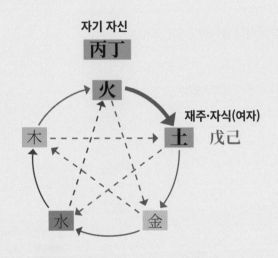

시주	일주	월주	연주
	병(丙) 또는 정(丁)	무(戊) 또는 기(己)	

두 칸의 위치가 바뀌어 있어도 되고 두 칸 모두 있어도 됨

3. 무토[戊]나 기토[己] 일간의 음악 사주

태어난 날의 천간이 무토 戊 나 기토 己 일 때, 연이나 월의 천간에 금 金 이 있으면 음악에 소질이 있다.

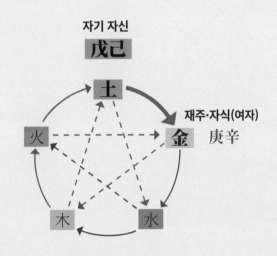

시주	일주	월주	연주
	무(戊) 또는 기(己)	경(庚) 또는 신(辛)	

두 칸의 위치가 바뀌어 있어도 되고 두 칸 모두 있어도 됨

4. 경금[庚]이나 신금[辛] 일간의 음악 사주

태어난 날의 천간이 경금 庚 이나 신금 辛 일 때, 연이나 월의 천간에 수 水 가 있으면 음악에 소질이 있다.

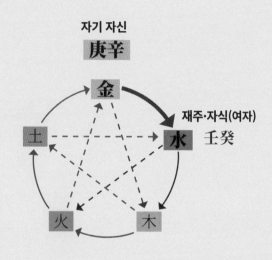

시주	일주	월주	연주
	경(庚) 또는 신(辛)	임(壬) 또는 계(癸)	

두 칸의 위치가
바뀌어 있어도 되고
두 칸 모두 있어도 됨

5. 임수[壬]나 계수[癸] 일간의 음악 사주

태어난 날의 천간이 임수 壬 나 계수 癸 일 때, 연이나 월의 천간에 목 木 이 있으면 음악에 소질이 있다.

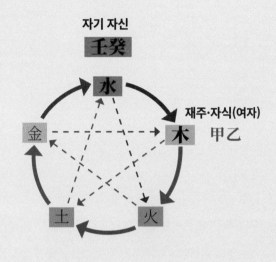

시주	일주	월주	연주
	임(壬) 또는 계(癸)	갑(甲) 또는 을(乙)	

▶ 두 칸의 위치가 바뀌어 있어도 되고 두 칸 모두 있어도 됨

나에게 꼭 맞는 직장이 있다

하루는 공부방에 30대 중반의 잘생긴 남자가 찾아왔다. "어떻게 오셨냐?"고 물으니, 인규 삼촌인데 선생님께서 사주를 잘 본다는 소문을 듣고 일부러 찾아왔다고 했다. 아주 가끔 이런 재밌는 일이 생기곤 한다. 마침 다소 한가한 시간이라 차를 대접했다.

하쌤 어느 분께 무슨 말씀을 듣고 이렇게 오셨는지 모르겠네요!

손님 형수님께 들었는데, 여기를 지날 일이 생겨 결례를 무릅쓰고 들어왔어요.

하쌤 무슨 띠지요?

손님 경신(庚申)생 원숭이입니다.

하쌤 무서운 분이군요. 조사나 감찰 같은 곳과 인연이 있어요.

손님 예? 경신(庚申)년생 원숭이띠 하나만 가지고도 그런 걸 알 수 있다고요?

하쌤 정색하시는 걸 보니 그런 곳에 근무하시는군요.

손님 맞아요. 그런데 그걸 어떻게 아신 건가요? 이 정도면 신기가 있으신 것 아닌가요?

하쌤 글쎄요. 음양오행의 기본 특성만 알면 아주 간단히 알 수 있는 건데요.

손님 너무 신기하네요. 설명해 주실 수 있겠는지요?

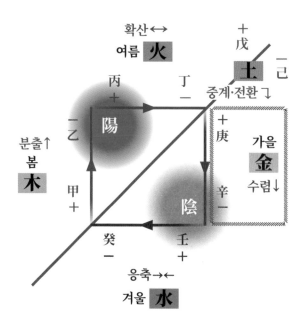

하쌤   오행에서 금 金 은 화 火 의 열기를 거둬들여 열매로 저장하는 것입니다. 이 때문에 덜 여물어 못된 것에 대해 굉장히 냉정하게 처리하는 특성이 있어요. 『성경』에서도 예수께서 "추수할 시기가 되었으니 심판에 대비하라."고 하셨잖아요. 금 金 의 이런 특성 때문에 감찰이나 검경처럼 조사·단속·감찰을 하는 곳에 근무할 확률이 높아요.

손님   그렇다고 해도 너무 신기한데요.

하쌤   재수가 좋은 날인가 봐요. 기본적인 것을 말씀드렸는데 운 좋게 맞은 거지요. 더욱이 60갑자에서 위아래가 하나의 오행으로 된 간지는 많지 않으며, 그 힘이 대단합니다.[1] 더구나 그것이 연의 자리에 있는 경

우에는 사주에서 아주 굉장한 힘이 있어요. 생년월일시를 말씀해 보세요. 음! 사주가 좋군요.[2]

태어난 시 자식 자리	태어난 일 자신·배우자 자리	태어난 월 부모·형제 자리	태어난 연 조상 자리	
癸 계수	甲 갑목	壬 임수	庚 경금	천간
酉 유금	子 자수	午 오화	申 신금	지지

손님 좋은 사주라고요?

하쌤 공부 잘해서 좋은 직장 다닐 사람인데, 조직이나 권위에 도전하는 특성이 강한 반골이네요. 혹시 노조에 관여하고 있으신가요?

손님 아니! 그것까지도 사주에 나와요? 사주 잘 본다는 소문이 헛소문이 아니군요. 뭘 보고 공부를 잘하고, 또 노조에 관여하는지 아시는 거죠?

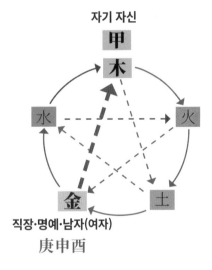

---

1 갑인(甲寅)·을묘(乙卯)·병오(丙午)·정사(丁巳)·무진(戊辰)·무술(戊戌)·기축(己丑)·기미(己未)·경신(庚申)·신유(辛酉)·임자(壬子)·계해(癸亥)는 천간과 지지가 하나로 된 간지들이다. 그런데 여기서 수(水)와 가까이 있는 무술(戊戌)과 기축(己丑) 이외에는 모두 힘이 센 것들이다.

2 이분은 직업적인 관계로 그 신분 밝히기를 원하지 않기 때문에 생년월일시를 기술하지 않았다.

태어난 시 자식 자리	태어난 일 자신·배우자 자리	태어난 월 부모·형제 자리	태어난 연 조상 자리	
癸 계수	甲 갑목	壬 임수	庚 경금	천간
酉 유금	子 자수	午 오화	申 신금	지지

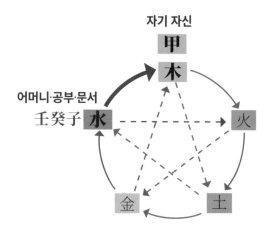

하쌤 사실 이 사주는 직장에 다니면서 먹고사는 팔자로는 거의 최고라고 보면 되는데, 공부부터 말씀드리지요. 음양오행에 대한 약간의 상식만 있으면 바로 알 수 있는데, 쉽게 설명해 드릴게요. 선생님께서 공부를 잘하시는 것은 선생님 사주에서 자신인 갑목 甲을 낳아 주는 것으로서 임 壬 과 자 子 및 계 癸 라는 수 水 가 있기 때문이에요. 특히 월간의 임수 壬 는 연주 경신 庚申 에 의해 금생수(金生水)가 되고 일지에 자수 子 를 뿌리로 둘 수 있어 강해요. 게다가 또 그 구조가 연·월·일의 순서대로 경금 庚 ·임수 壬 ·갑목 甲 으로 되어 있어 곧 금생수(金生水), 수생목(水生木)으로 되어 있어 아주 좋아요.

손님 알아듣게 설명하신다더니, 도대체 무슨 말인지!

하쌤 그림에서 바깥쪽의 동그라미는 오행의 상생을 표시한 거예요. 여기서 선생님 자신은 목木인 갑목甲인데, 그 목木을 수水가 낳아 준다는 것은 육체적인 탄생이나 정신적인 성장을 의미하기 때문에 어머니나 공부가 돼요. 그래서 사주에 자신을 낳아 주는 오행이 강한 사람이 공부를 잘해요.

태어난 시 자식 자리	태어난 일 자신·배우자 자리	태어난 월 부모·형제 자리	태어난 연 조상 자리	
癸 계수	甲 갑목	壬 임수	庚 경금	천간
酉 유금	子 자수	午 오화	申 신금	지지

손님 그거 참! 사주 안에서 오행의 상생이 잘 이어져 공부를 잘하고, 금金의 특성이 강해 조사나 감찰 기관에 근무한다는 말씀이지요?

하쌤 네. 게다가 강한 금金이 직장으로 들어와 있기 때문이에요. 그림을 다시 살펴보죠. 안쪽의 별은 오행의 상극을 표시한 것이에요. 자신인 갑목甲을 극하는 오행인 금金은 직장을 상징해요. 특정한 환경에 극을 당해 그것에 맞춰 사는 것이 직장인이겠지요. 선생님 사주에서는 금金이 태어난 해에 경신庚申으로 들어와 있는데, 그것이 위아래로 천간과 지지가 금金 하나로 되어 있어 그만큼 강한 힘이 있다고 보면 돼요. 물론 태어난 시의 지지에 유금酉도 있지만 그 영향력은 작아요. 연·월·일·시의 단위로 볼 때, 시의 단위가 가장 작잖아요.

손님 태어난 해의 자리에 있는 경신庚申이라는 간지는 천간과 지지 모두

금 金 으로 되어 있기 때문에 좋은 직장이고 무서운 직장이라는 말이지요! 그런데 아직 노조에 관여하고 있는 것에 대해서는 설명하지 않으셨어요.

하쌤 이제 말씀드릴게요. 그런데 노조는 뭐 하는 곳이지요?

손님 근로자의 노동조건과 지위향상을 위한 단체이지요.

태어난 시 자식 자리	태어난 일 자신·배우자 자리	태어난 월 부모·형제 자리	태어난 연 조상 자리	
癸 계수	甲 갑목	壬 임수	庚 경금	천간
酉 유금	子 자수	午 오화	申 신금	지지

하쌤 그렇지요. 그런데 이 단체가 그렇게 하자면 동료들의 의견을 모아 경신 庚申 이라는 직장 조직과 맞서야 하겠지요? 선생님의 사주에서 동료들은 선생님 자신인 목 木 과 같은 목 木 이고, 선생님과 그들의 의견은 목 木 이 내놓는 화 火 가 돼요. 선생님의 사주에서는 월의 자리에 있는 오화 午 가 직장을 상징하는 경신 庚申 이라는 금 金 과 바로 옆에서 마주보며 부딪히고 있으니, 감찰이나 조사 기관 같은 곳에 근무하면서 노조활동을 하는 분이라는 거예요.

손님 잠깐. 죄송하지만 지금까지의 내용을 좀 정리해 주셨으면 해요.

하쌤 공부의 오행 수 水가 강하게 있는 데다가 직장의 오행 금 金까지 강하게 있으니, 공부를 잘해 큰 직장에 들어갈 수 있는 사주예요. 그런데 선생님은 화극금(火剋金)으로 동료들의 의견 오화 午를 가지고 그 직장 경신 庚申을 극하며 맞서고 있는 모양이니 노조 활동이라는 거예요.

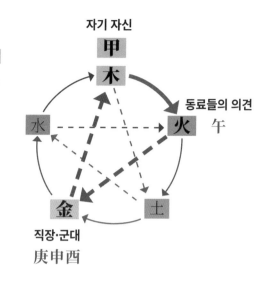

손님 거참 음양오행의 상생과 상극으로 이런 것까지 추리할 수 있다니 정말 신기하군요.

하쌤 군대에서도 편한 곳에 근무했지요?

손님 그런 것까지도 나오나요? 그것은 또 무엇 때문이지요?

하쌤 아까 직장에서 노조활동을 하는 것과 같은 이유예요. 자기 자신인 갑목 甲을 극하는 경신 庚申을 재주의 오행 오화 午가 바로 옆에서 다시 극하기 때문이에요. 자신인 목 木에서 나오는 화 火는 재주라고 할 수 있는데, 그 재주 火가 자신을 극하는 군대라는 조직 금 金을 다시 극해 버리니, 재주로 편하게 군대 생활을 하는 사주예요.

손님   참 신기하군요! 결국 노조활동을 하는 것과 군대 생활을 쉽고 편하게 한 것이 같은 이유군요.

하쌤   나이 들어 국회의원이 되고 싶은 생각이 있지요?

손님   정말 기가 막히는군요. 어떻게 그것을 알 수 있나요?

하쌤   역시 앞에서 설명한 것과 같은 이치지요. 자신의 말재주로 국가라는 큰 조직인 관을 마음대로 제압할 수 있기 때문이지요. 다시 말해 선생님의 사주는 이런 기질이 특성으로 강하게 있어 그런 방식에 따라 삶을 만들어 가고 싶은 겁니다.

손님   명리는 다양한 인생을 정확하게 바라볼 수 있는 학문이군요. 설명하신 것을 정리해 보면, 사람들은 자신의 기질이 생긴 모양대로 세상을 받아들여 적응하며 살아간다는 거네요. 사주는 반드시 배워서 저 자신은 물론 다른 사람도 이해할 수 있어야 하겠다는 생각이 들어요. 오늘 선생님을 통해 명리라는 새로운 세계를 알았어요. 정말 감사합니다.

    서울대 출신으로 조사나 감독과 관련 있는 국가기관에 근무하면서 노조활동을 하는 분이었다. 군대도 카투사 행정병으로 어려움 없이 복무했다고 하고, 지금부터 기반을 쌓아 중년에 국회로 갈 생각이라고 한다. 명리 배운 곳을 소개해 달라고 해서 「해송학당」을 알려 주었는데, 현재 그곳에서 열심히 공부하고 있다.

해송쌤의 사주 구조 정리

태어난 시 자식 자리	태어난 일 자신·배우자 자리	태어난 월 부모·형제 자리	태어난 연 조상 자리	
癸 계수	甲 갑목	壬 임수	**庚 경금**	천간
酉 유금	子 자수	**午 오화**	**申 신금**	지지

위의 사주에서 태어난 날의 천간 갑목甲은 자기 자신을 상징하고, 그것을 낳아 주는 수水는 공부를 상징하며, 자신을 극하는 금金은 직장을 상징한다. 손님이 좋은 곳에서 직장 생활을 할 수 있는 것은 갑목甲인 자신을 낳아 주는 공부의 오행 수水와 자신을 극하는 직장의 오행 금金이 강하기 때문이다.

사주 구조가 자신을 상징하는 일간을 극하면서 자신을 낳아 주는 오행 구조로 되어 있으면, 공부를 열심히 해서 좋은 직장에 들어가는 운명이다.

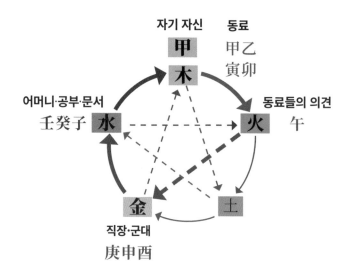

자기 자신
甲
木

동료
甲乙
寅卯

어머니·공부·문서
壬癸子 水

동료들의 의견
火 午

金

土

직장·군대
庚申酉

또 직장에서 노조활동을 할 수 있는 것은 오화 午 가 직장인 경신 庚申 금 金 과 정면으로 맞서 있으면서 극하는 구조이기 때문이다. 위의 사주에는 없지만 태어난 날의 천간 목 木 과 같은 오행인 목 木 은 사주 당사자의 동료들이다. 그 동료들 木 과 자신이 내놓는 의견이 바로 오화 午 인데, 이것을 가지고 직장과 정면으로 맞서고 있다면 노조활동일 수밖에 없다. 사주 용어로 태어난 날의 천간을 극하는 오행을 관성(직장)이라고 하고, 태어난 날의 천간이 내놓는 오행을 식상(재주)이라고 한다. 그런데 관성과 식상 곧 직장과 재주가 이런 구조로 되어 있을 때는 재주를 가지고 직장을 마음대로 조정하는 것으로 볼 수 있다.

태어난 시 자식 자리	태어난 일 자신·배우자 자리	태어난 월 부모·형제 자리	태어난 연 조상 자리	
癸 계수	甲 갑목	壬 임수	庚 경금	천간
酉 유금	子 자수	午 오화	申 신금	지지

　군 생활을 편하게 하고 중년에 국회로 가려는 것도 같은 사주 구조에서 나오는 것이다. 자기 자신인 갑목 甲 에서 내놓는 오행인 오화 午 가 거대한 조직인 경신 庚申 금 金 을 극하며 희롱하고 있으니, 군대라는 조직은 물론 국가라는 조직을 마음대로 휘두를 수 있는 것이다.

　부가적으로 한마디 덧붙인다면, 열심히 공부해서 직장에 근무하는 사주에는 재주의 오행이 약하게라도 있어야 좋다는 말을 하고 싶다. 위의 사주는 갑목 甲 일간에 오화 午 가 월지에 있어 강한데, 그렇지 않더라도 천간에 약하게 있거나 일지나 시주에 약하게라도 있으면 좋다는 것이다. 조직 생활에 재주의 오행이 있어야 평소 상사나 동료들과 관계가 좋고 혹 문제가 생겼을 때 그들의 도움을 받아 무난히 해결할 수 있기 때문이다. 재주의 오행이 너무 강하면 노조활동을 하기 쉽지만 약하게 있을 때는 인간관계를 원만하게 유지하면서 인생의 문제를 보다 쉽게 해결할 수 있는 능력으로 발휘된다.

공부의 오행과 직장의 오행이 연이나
월에 있으면 직장 생활로 성공할 수 있다.

1. 갑목[甲]이나 을목[乙] 일간의 직장 사주

태어난 날의 천간이 갑목 甲 이나 을목 乙 일 때, 연이나 월의 천간이나 지지에 금 金 과 수 水 가 있으면 공부를 열심히 하여 직장 생활을 잘할 수 있다.[1]

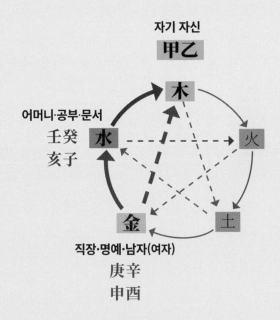

---

1 자녀들이 열심히 공부하기를 바라는 것은 대부분 취직을 위한 것이니, 자녀의 사주를 뽑아 잘 비교해 보기 바란다. 혹 자녀의 사주 구조가 이렇게 되어 있다면 직장 생활을 하는 성향임을 알고 그것에 맞추어 공부를 시키면 된다. 연과 월에 자신을 극하는 오행과 낳아 주는 오행이 있어야 가장 좋은데, 꼭 그렇게 되어 있어야만 하는 것은 아니다. 태어난 날과 시로 흩어져 있을지라도 약하게는 사용할 수 있기 때문이다. 또한 여기에서는 노조활동을 하는 것까지 고려하지는 않았으니, 그 이상은 책을 참조하여 자식의 특성을 판단하시길 바란다. 끝으로 직장인 사주의 경우에는 공부와 직장의 오행이 연과 월에서 천간과 지지 중 어느 곳에 있어도 괜찮다. 그래서 이후부터는 첫 번째, 두 번째 명조만 적어 두었으니, 화(火)·토(土)·금(金)·수(水) 일간의 경우 참고하여 잘 살펴보기 바란다.

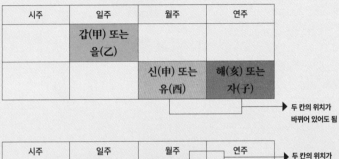

시주	일주	월주	연주
	갑(甲) 또는 을(乙)	경(庚) 또는 신(辛)	임(壬) 또는 계(癸)

▶ 두 칸의 위치가 바뀌어 있어도 됨

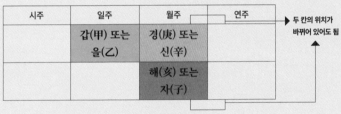

시주	일주	월주	연주
	갑(甲) 또는 을(乙)		
		신(申) 또는 유(酉)	해(亥) 또는 자(子)

▶ 두 칸의 위치가 바뀌어 있어도 됨

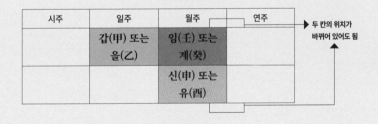

시주	일주	월주	연주
	갑(甲) 또는 을(乙)	경(庚) 또는 신(辛)	
		해(亥) 또는 자(子)	

▶ 두 칸의 위치가 바뀌어 있어도 됨

시주	일주	월주	연주
	갑(甲) 또는 을(乙)	임(壬) 또는 계(癸)	
		신(申) 또는 유(酉)	

▶ 두 칸의 위치가 바뀌어 있어도 됨

2. 병화[丙]나 정화[丁] 일간의 직장 사주

태어난 날의 천간이 병화 丙 나 정화 丁 일 때, 연이나 월의 천간이나 지지에
목 木 과 수 水 가 있으면 공부를 열심히 하여 직장 생활을 잘할 수 있다.

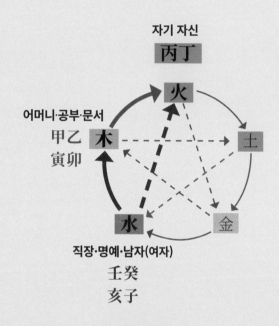

시주	일주	월주	연주
	병(丙) 또는 정(丁)	갑(甲) 또는 을(乙)	임(壬) 또는 계(癸)

→ 두 칸의 위치가
바뀌어 있어도 됨

시주	일주	월주	연주
	병(丙) 또는 정(丁)		
		인(寅) 또는 묘(卯)	해(亥) 또는 자(子)

→ 두 칸의 위치가
바뀌어 있어도 됨

3. 무토[戊]나 기토[己] 일간의 직장 사주

태어난 날의 천간이 무토 戊 나 기토 己 일 때, 연이나 월의 천간이나 지지에
목 木 과 화 火 가 있으면 공부를 열심히 하여 직장 생활을 잘할 수 있다.

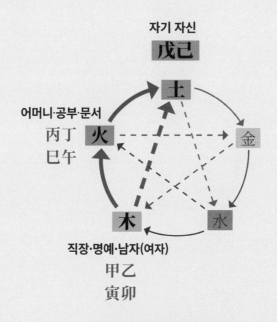

시주	일주	월주	연주
	무(戊) 또는 기(己)	병(丙) 또는 정(丁)	갑(甲) 또는 을(乙)

➡ 두 칸의 위치가 바뀌어 있어도 됨

시주	일주	월주	연주
	무(戊) 또는 기(己)		
		사(巳) 또는 오(午)	인(寅) 또는 묘(卯)

➡ 두 칸의 위치가 바뀌어 있어도 됨

4. 경금[庚]이나 신금[辛] 일간의 직장 사주

태어난 날의 천간이 경금 庚 이나 신금 辛 일 때, 연이나 월의 천간이나 지지에 토 土 와 화 火 가 있으면 공부를 열심히 하여 직장 생활을 잘할 수 있다.

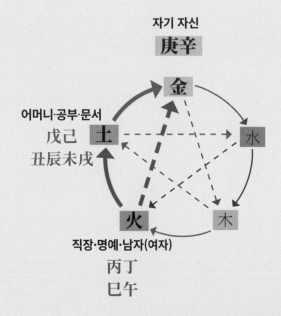

시주	일주	월주	연주
	경(庚) 또는 신(辛)	무(戊) 또는 기(己)	병(丙) 또는 정(丁)

➤ 두 칸의 위치가
바뀌어 있어도 됨

시주	일주	월주	연주
	경(庚) 또는 신(辛)		
		진(辰) 또는 미(未)	사(巳) 또는 오(午)

➤ 두 칸의 위치가
바뀌어 있어도 됨

5. 임수[壬]나 계수[癸] 일간의 직장 사주

태어난 날의 천간이 임수 壬 나 계수 癸 일 때, 연이나 월의 천간이나 지지에
금 金 과 토 土 가 있으면 공부를 열심히 하여 직장 생활을 잘할 수 있다.

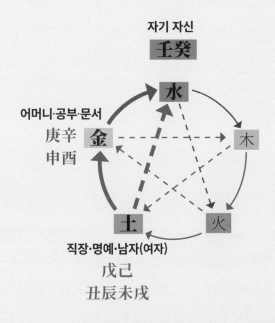

시주	일주	월주	연주
	임(壬) 또는 계(癸)	경(庚) 또는 신(辛)	무(戊) 또는 기(己)

→ 두 칸의 위치가 바뀌어 있어도 됨

시주	일주	월주	연주
	임(壬) 또는 계(癸)		
		신(申) 또는 유(酉)	진(辰) 또는 미(未)

→ 두 칸의 위치가 바뀌어 있어도 됨

5강

사업을 하면
성공할 수 있을까?

간혹 대학에 간 제자들이 찾아와서 옛날이야기를 하기도 하고, 앞으로의 진로를 고민하거나 방황하며 인생이야기를 하기도 한다. 하루는 전자공학과에 다니는 기현이가 찾아왔는데 안색이 어두웠다. 최근 고등학교 때부터 사귄 여자친구와 헤어지고, 제대 후에도 마음을 잡지 못해 당구에 빠져 지낸다고 한다.

기현   선생님, 요즘 너무 힘들어서 공부를 못 하겠어요. 마음을 다잡으려고 해도 여자친구가 생각나서 할 수가 없어요. 쌤께서 사주로 제 인생이 어떻게 될지 한 번 봐 주시면 안돼요?

하쌤   알겠다. 다른 좋은 여자친구를 사귀면 될 텐데, 네 사주가 무엇 때문에 그런지 또 인생을 위해 무엇을 해야 할지 한번 봐 보자.

태어난 시 자식 자리	태어난 일 자신·배우자 자리	태어난 월 부모·형제 자리	태어난 연 조상 자리	
壬 임수	辛 신금	癸 계수	甲 갑목	천간
辰 진토	酉 유금	酉 유금	戌 술토	지지

기현   어때요? 앞으로 여자친구도 사귀고 취직도 잘 돼요?

하쌤   네 사주에서 너는 태어난 날에 있는 신금 辛 인데, 너는 공부로 취직해서 살기보다는 사업을 하면서 사는 것이 네 특성에 맞아.

기현   그런 게 사주에 나와 있어요?

하쌤   기현아, 사업을 하는 사람이 재주가 많을까? 직장에 다니는 사람이 재주가 많을까?

기현   재주 많은 사람들이 사업을 해서 돈을 버는 것 아닌가요? 그런데 직장

다니는 사람들 중에도 재주 많은 사람들은 있잖아요?

하쌤 　그렇지. 직장 다니는 사람들 중에도 재주 있는 사람들은 있어. 그런데 사업을 하는 사람들은 재주만 많아서는 안 되고 그 재주를 가지고 재물을 움켜잡을 수 있는 강한 힘이 있어야 해.

기현 　가령 요리를 잘하는 재주가 있는 사람이 음식점을 차려 돈을 버는 것처럼요?

하쌤 　그렇지. 그걸 명리로 설명하려면, 음양오행의 상생과 상극에 대해 알아야 해.

태어난 시 자식 자리	태어난 일 자신·배우자 자리	태어난 월 부모·형제 자리	태어난 연 조상 자리	
壬 임수	辛 신금	癸 계수	甲 갑목	천간
辰 진토	酉 유금	酉 유금	戌 술토	지지

기현 　저도 제 인생이 궁금해 인터넷에서 명리에 대해 이것저것 찾아보다가 상생과 상극 정도는 익혔어요.

하쌤 　그렇다면 설명이 쉽겠구나. 말했다시피 너는 태어난 날의 천간 신금 辛 인데, 태어난 달의 지지에 너와 같은 오행인 유금 酉 이 있어 너 자신이 강해. 자기 자신에게 강한 힘이 있으면 재물을 움켜잡을 수 있는 좋은 바탕이 돼.

기현   태어난 날의 지지에도 유금 酉 이 있는데, 그것은 고려하지 않나요?
그리고 꼭 지지에 있어야 힘이 센 건가요?

하쌤   연·월·일·시의 단위로 보면 어느 것의 단위가 가장 크고 힘이 더 세겠
니? 물론 태어난 날의 지지에 있는 것도 어느 정도 보탬이 되겠지. 없
는 것보다는 나을 테니 말이야. 그렇지만 영향이 그렇게 크지는 않아.
그리고 사업을 하려면 강한 체력이 뒷받침되어야 해. 그래서 육체와
관련된 지지 중에서도 단위가 큰 달이나 해의 지지에 자신과 같은 오
행이 있어야 한다는 거야.

기현   제가 힘이 세다는 것은 무슨 말인지 알겠어요. 그러면 제가 사업을 해
서 성공할 재능이 있다는 것은 어떻게 알 수 있나요?

하쌤   사람들이 살아가는 방법을 크게 두 가지로 구분할 수 있어. 공부의 오
행과 직장의 오행이 강한 사람들은 공부를 열심히 해서 직장에 들어
가 그 월급으로 살아가. 반대로 자신이 강하면서 재주의 오행과 재물
의 오행이 강한 사람들은 사업을 통해 직접 돈을 벌어서 살아가.

기현   그렇다면 저는 자신의 오행이 강하면서 재주와 재물의 오행이 강하다
는 거네요?

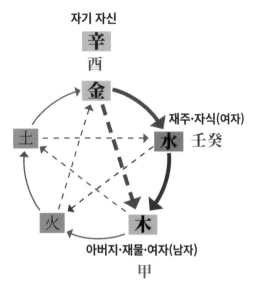

자기 자신
辛
酉
金

재주·자식(여자)
水 壬癸

土

火

木

아버지·재물·여자(남자)
甲

하쌤 그렇지. 그림에서 보듯이 사업적 재능은 너 자신인 신금 辛 에서 나오는 수 水 야. 곧 사주에 너 자신 辛 이 내놓는 수 水 가 있다는 것은 재주가 있다는 뜻이거든. 너는 태어난 달의 천간에 계수 癸 가 있으니, 사업적 재능이 있어. 태어난 시의 천간에 있는 임수 壬 도 물론 재능이 돼. 그런데 그것은 시의 자리에 있는 데다가 약하게 있어 사업적인 재능과는 다소 무관해.

기현 재능만 있다고 사업할 수 있는 것은 아니잖아요. 돈을 벌 수 있는지가 가장 중요하죠.

태어난 시 자식 자리	태어난 일 자신·배우자 자리	태어난 월 부모·형제 자리	태어난 연 조상 자리	
壬 임수	辛 신금	癸 계수	甲 갑목	천간
辰 진토	酉 유금	酉 유금	戌 술토	지지

하쌤 물론 방금 말했듯이 재능도 있어야 하고, 또 재주와 재물이 긴밀하게 연결되어 있어야 돼. 재물은 너 자신을 상징하는 금 金 이 극하는 오행인 목 木 이야. 연의 천간에 갑목 甲 이 보이지? 재물도 마찬가지로 태어난 달과 해에 있으면 힘이 있어 좋아. 그런데 너는 재능과 재물이 모

두 천간에 있어서 정신적으로 사용할 수 있는 재능과 재물이라고 보면
돼. 네 전공인 전자공학을 사업 쪽으로 연결할 수 있다고 보면 되겠지.
전자공학 자체는 정신적인 재능과 재물이라고 할 수 있잖니.

기현 제 자신인 금 金 이 강하면서 그것이 내놓는 재주의 오행인 수 水 가
있고, 또 자신이 극하는 재물인 목 木 이 가까이 붙어 있으면, 사업가
가 될 수 있다는 건가요?

하쌤 맞아. 자신과 같은 오행이 태어난 달이나 연의 지지에 있어 힘이 강하
면서 재주와 재물이 태어난 달이나 연에 있으면 사업가 사주야. 너는
그런 조건을 사주에 모두 갖추고 있으니, 훌륭한 사업가가 될 수 있어.

기현 그런데 사업하는 사람들은 10년씩 흘러가는 대운이 좋아야 한다는 얘
기를 들은 적이 있어요. 저는 대운도 잘 흘러가는 편인가요?

하쌤 그럼. 이미 너에게 사업을 하면서 살 인생이라고 했을 때는 대운까지
좋게 흐르기 때문이야. 이제부터는 마음잡고 공부를 열심히 해야 해.
너는 일반적인 사업이 아니라 반도체나 통신과 같은 정신적인 기술과
물건을 가지고 성공할 수 있어. 그러니 네 전공 공부를 열심히 하면 나
중에 반드시 잘 쓰일 거야.

기현 감사해요. 기운이 나네요. 그런데 대운이 좋다는 말은 무슨 의미예요?
사업을 하면 돈을 벌 수 있다는 말인가요?

태어난 시 자식 자리	태어난 일 자신·배우자 자리	태어난 월 부모·형제 자리	태어난 연 조상 자리	
壬 임수	辛 신금	癸 계수	甲 갑목	천간
辰 진토	酉 유금	酉 유금	戌 술토	지지

82	72	62	52	42	32	22	12	2
壬	辛	庚	己	戊	丁	丙	乙	甲
午	巳	辰	卯	寅	丑	子	亥	戌

하쌤 그렇지. 대운이 재주와 재물을 돕는 쪽으로 흐르는 것을 말해. 보통 사업은 30대 중반이나 40대 초반에 시작하는 경우가 흔해. 그런데 그때 재주와 재물을 돕는 방향으로 대운이 흐르면 재주로 돈을 잘 벌 수 있겠지? 너에게 재주인 계수 癸 와 재물인 갑목 甲 은 지지가 수 水 와 목 木 일 때 힘이 강한데, 너의 대운이 12살부터 61살까지 그렇게 흐르고 있어. 그러니 대학 졸업 후에 다양한 경험을 쌓아 사업을 시작하면 대성할 거야.

기현 12살에 들어오는 해 亥 대운부터 52살에 들어오는 묘 卯 대운까지 지지가 해 亥·자 子·축 丑·인 寅·묘 卯 로 흐르기 때문에 계수 癸 와 갑목 甲 의 힘이 강하다고 하신 거지요?

하쌤 그래. 재물인 갑목 甲 은 나무의 뿌리라고 할 수 있는데, 이것은 겨울부터 자라서 봄에 왕성해지기 때문에 해 亥·자 子·축 丑 이라는 겨울 水 과 인 寅·묘 卯·진 辰 이라는 봄 木 에 기운을 마음껏 펼칠 수 있어.[1] 재주인 계수 癸 는 나무가 자라면 그것을 타고 올라가는 물이기 때문에 역시 해 亥·자 子·축 丑 이라는 겨울 水 과 인 寅·묘 卯·진 辰 이라는 봄 木 에 영향력을 크게 발휘할 수 있어.[2]

기현   제가 사업가 자질을 가지고 있고, 또 운이 저의 재능과 재물을 돕고 있다니 기분이 좋네요. 그럼 이제 여자친구에 대해서도 말씀해 주세요.

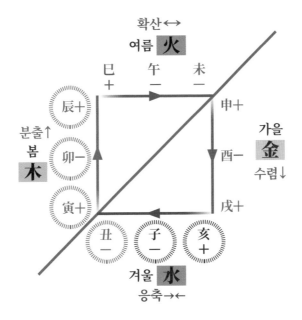

대운에서 재주의 오행 계수와 재물의 오행 갑목이 잘 흐름

---

1 음목인 을목(乙木)은 햇빛을 받아 자라는 나무이기 때문에 인(寅)·묘(卯)·진(辰)이라는 목(木)의 계절 곧 봄과 사(巳)·오(午)·미(未)라는 화(火)의 계절 곧 여름에 강하다.

2 양수인 임수(壬水)는 가을에 밑으로 내려오는 물이기 때문에 신(申)·유(酉)·술(戌)이라는 금(金)의 계절 곧 가을과 해(亥)·자(子)·축(丑)이라는 수(水)의 계절 곧 겨울에 강하다.

태어난 시 자식 자리	태어난 일 자신·배우자 자리	태어난 월 부모·형제 자리	태어난 연 조상 자리	
壬 임수	**辛 신금**	癸 계수	**甲 갑목**	천간
辰 진토	酉 유금	酉 유금	戌 술토	지지

82	72	62	52	42	32	22	12	2
壬	辛	庚	己	戊	丁	丙	乙	甲
午	巳	辰	卯	寅	丑	子	亥	戌

하쌤 너의 사주에서 여자는 신금 辛 인 네가 극하는 갑목 甲 인데, 이것은 일반적으로 재물을 상징하고 남자에게는 여자를 상징하기도 해. 그런데 12살부터 들어오는 대운이 을해(乙亥) 대운이지? 이 때 천간에 있는 을목 乙 은 여자이고, 지지에 있는 해수 亥 는 재주야. 재주와 여자가 함께 올 경우에는 재주로 여학생들을 재미있게 해 주어 인기를 끄니, 주변에 언제나 많은 여학생들이 있고 쉽게 친해지게 돼. 초등학교 5학년 이후부터 인기 좋았겠네.

기현 신금 辛 인 제가 극하는 을목 乙 이 여자이고, 제가 내놓는 해수 亥 가 재주인 것은 잘 알겠어요. 실제로 인기도 괜찮았고요.

하쌤 유머 있게 말하고 왕성하게 활동하는 것은 대운에서 너 자신인 신금 辛 에게 해수 亥 라는 재주가 와서 표현력이 좋아졌기 때문이야. 그런 인기 속에서 2011년 신묘(辛卯)년인 고등학교 2학년 때 여자친구를 사귄 것은 지지에서 묘목 卯이 와서 태어난 해의 지지 술토 戌와 합을 했기 때문이야.[1] 사주로 볼 때, 너도 인기가 많았지만 그 여학생도 인기가 많았어. 잠시 틈을 주면 떠날 수 있는 여자친구야.

기현 맞아요. 그래서 제가 그 친구를 그렇게 좋아하는 줄 모르고 우쭐해 있었어요. 떠나고 나서야 아주 많이 좋아했다는 걸 알았으나 이미 늦어버린 뒤였어요. 그런데 그 친구가 인기가 많다는 것까지도 사주에 나와요?

하쌤 신묘(辛卯)년에 여자친구를 만났다는 것은 그 여자애 卯가 너 외에 다른 남자친구 신금 辛과 함께 있다는 것이야. 곧 신묘(辛卯)년의 신금 辛이라는 남자의 여자 卯를 네가 잠시 가로챘던 것일 뿐이야. 그러니 이제 그만 잊고 사업을 위해서라도 전공과 다양한 공부를 열심히 해라. 사업은 종합 예술이니, 다양한 지식이 필요할 거야. 5년 정도 지난 이후부터 여인이 오기 시작하는데, 아주 사랑스럽고 야무진 사람을 만나 아름다운 사랑을 하게 될 거야.[2]

기현 잘 알겠어요. 그런데 제가 졸업 후 다양한 경험을 하면 사업에 좋다고 하셨잖아요?

---

1 이를 지지의 육합(六合)이라고 한다. 하나씩 살펴보면 지지는 자(子)와 축(丑)이 합해 수(水)와 토(土)로 변하고, 해(亥)와 인(寅)이 합해 목(木)으로 변하며, 묘(卯)와 술(戌)이 합해 화(火)로 변하고, 진(辰)와 유(酉)가 합해 금(金)으로 변하며, 사(巳)와 신(申)이 합해 수(水)로 변하고, 오(午)와 미(未)가 합해 화(火)와 토(土)로 변한다.

2 2022년 임인(壬寅)년이나 2023년 계묘(癸卯)년에는 인목(寅木)과 묘목(卯木)의 여인이 올지라도 사주와 부딪혀 문제가 있고, 2024년 갑진(甲辰)년이나 2025년 을사(乙巳)년에는 갑목(甲木)과 을목(乙木)의 여인이 오면 지지에서 진유(辰酉)와 사유(巳酉)로 합을 해 행복한 사랑을 할 수 있다.

하쌤   그런데 왜?

기현   대학원에 진학해 전공 공부를 더 하면서 세상 경험을 하면 어떨까 해서요.

하쌤   아주 좋은 생각이야. 너는 정신적인 사업으로 성공할 수 있으니, 가능하다면 공부를 많이 할수록 유리해. 그런데 22살부터 대운이 병자(丙子)라서…….

기현   뭐가 어때서요? 병자(丙子)면 좋지 않나요?

하쌤   병자(丙子)에서 자수 子 는 생명활동을 활발하게 하는 지지인데, 그것에 갑목 甲 의 여인이 치장을 하고 나타나기 때문이야.[1]

기현   여자에 정신이 팔려 공부를 하지 않을까 봐 걱정하시는 거지요? 이제 제 운명을 알았으니, 쌤께서 걱정하지 않도록 마음을 다잡고 열심히 공부할 게요.

하쌤   그렇게 하면 다양한 경험과 함께 아주 많은 것을 배우게 될 거야.

기현   네. 고맙습니다. 이제 쌤을 제 인생 스승으로 모시고 자주 찾아뵐게요.

---

1 사주 용어로 자수[子]를 갑목[甲]의 목욕지라고 하는데, 세상에 아름다운 여인이 나타나 정신을 쏙 빼놓는 때다.

해송쌤의 사주 구조 정리

태어난 시 자식 자리	태어난 일 자신·배우자 자리	태어난 월 부모·형제 자리	태어난 연 조상 자리	
壬 임수	辛 신금	癸 계수	甲 갑목	천간
辰 진토	酉 유금	酉 유금	戌 술토	지지

　이 사주에서 태어난 날의 천간 신금 辛 은 사주 당사자를, 그것이 낳아 주는 수 水 는 재주를, 그것이 극하는 목 木 은 재물을 상징한다. 사업가 사주는 자신이 강하면서 태어난 달과 해에 재주의 오행과 재물의 오행이 있어야 한다. 그것들이 태어난 달과 해에 있어야 하는 까닭은 힘이 있어야 하기 때문이다. 시간의 단위는 연>월>일>시로 힘이 있으니, 연과 월의 간지가 일과 시의 간지보다 힘이 세다. 또 자신이 강해야 한다는 것은 태어난 달이나 해의 지지에 자신과 같은 오행이 있어야 한다는 것인데, 험난한 사업을 하려면 체력으로 이끌고

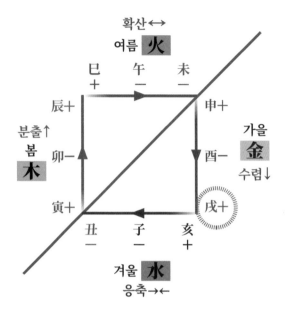

버티면서 재주를 부려 재물을 얻어야 하기 때문이다.

　신금 辛 인 기현이는 태어난 달의 지지에 유금 酉 이 있어 자기 자신의 힘이 강하다. 물론 태어난 날의 지지에 있는 유금 酉 도 어느 정도 도움이 된다. 그런데 여기서는 태어난 날의 지지에 있는 유금 酉 이 태어난 시의 지지에 있는 진토 辰 와 합을 해서 금 金 으로 변하고,[1] 연의 지지에 있는 술토 戌 역시 위의 그림에서 보듯이 신 申 ·유 酉 ·술 戌 이라는 가을 金 에 속하는 것이기 때문에 기현이의 사주에서 금 金 의 힘은 엄청나다.

1　지지의 육합에 의해 진(辰)과 유(酉)는 합해 금(金)으로 변한다. 169쪽 각주 참조.

태어난 시 자식 자리	태어난 일 자신·배우자 자리	태어난 월 부모·형제 자리	태어난 연 조상 자리	
壬 임수	辛 신금	癸 계수	甲 갑목	천간
辰 진토 + 酉 유금 = 금	酉 유금	戊 술토		지지

　게다가 기현이는 자신 辛 이 낳아 주는 재주의 오행으로 계수 癸 가 태어난 달의 천간에 있어 재주가 뛰어나고, 또 자신 辛 이 극하는 재물의 오행으로 갑목 甲 이 태어난 해의 천간에 있어 재물이 많다. 한마디로 기현이는 자신 辛 의 강한 힘을 바탕으로 훌륭한 재주 癸 를 부려 많은 재물 甲 을 움켜잡을 수 있는 사업가 사주다. 물론 사주 구조가 좋다고 모두 사업에 성공할 수 있는 것은 아니다. 사주 구조가 사업가에 맞고, 또 대운이 재주와 재물을 돕는 쪽으로 흘러 도와주어야 한다. 기현이는 대운까지도 돕고 있어 앞으로 사업에 크게 성공할 수 있다.

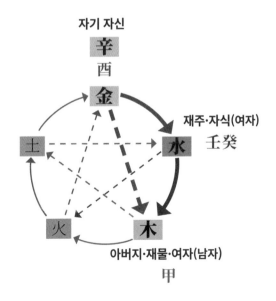

해송쌤의 핵심 정리

자신과 같은 오행이 연이나 월의 지지에 있어
자기 자신이 강하고, 재주의 오행과 재물의 오행이
연이나 월에 있으면 사업으로 성공할 수 있다.

1. 갑목[甲]이나 을목[乙] 일간의 사업가 사주

태어난 날의 천간이 갑목 甲 이나 을목 乙 이고 태어난 연이나 월의 지지가 인 寅 이나 묘 卯 일 때, 나머지 연이나 월의 천간이나 지지에 화 火 와 토 土 가 있으면 사업으로 성공할 수 있다.

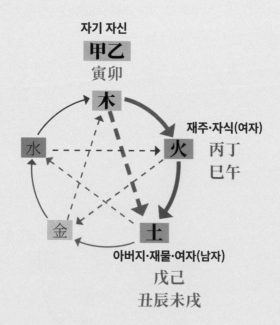

시주	일주	월주	연주
	갑(甲) 또는 을(乙)	병(丙) 또는 정(丁)	무(戊) 또는 기(己)
		인(寅) 또는 묘(卯)	

→ 두 칸의 위치가 바뀌어 있어도 됨

시주	일주	월주	연주
	갑(甲) 또는 을(乙)	무(戊) 또는 기(己)	
		인(寅) 또는 묘(卯)	사(巳) 또는 오(午)

→ 두 칸의 위치가 바뀌어 있어도 됨

시주	일주	월주	연주
	갑(甲) 또는 을(乙)	병(丙) 또는 정(丁)	
		인(寅) 또는 묘(卯)	진(辰) 또는 미(未)

→ 두 칸의 위치가 바뀌어 있어도 됨

2. 병화[丙]나 정화[丁] 일간의 사업가 사주

태어난 날의 천간이 병 丙 이나 정 丁 이고 태어난 연이나 월의 지지가 사 巳 나 오 午 일 때, 나머지 연이나 월의 천간이나 지지에 토 土 와 금 金 이 있으면 사업으로 성공할 수 있다.

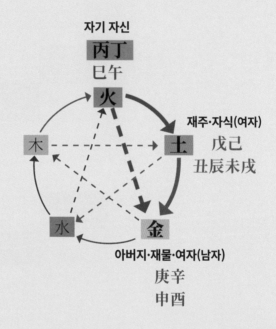

시주	일주	월주	연주	
	병(丙) 또는 정(丁)	무(戊) 또는 기(己)	경(庚) 또는 신(辛)	▶ 두 칸의 위치가 바뀌어 있어도 됨
		사(巳) 또는 오(午)		

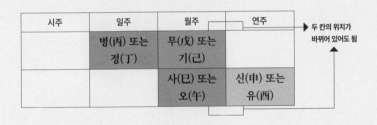

시주	일주	월주	연주	
	병(丙) 또는 정(丁)	경(庚) 또는 신(辛)		▶ 두 칸의 위치가 바뀌어 있어도 됨
		사(巳) 또는 오(午)	진(辰) 또는 미(未)	

시주	일주	월주	연주	
	병(丙) 또는 정(丁)	무(戊) 또는 기(己)		▶ 두 칸의 위치가 바뀌어 있어도 됨
		사(巳) 또는 오(午)	신(申) 또는 유(酉)	

3. 무토[戊]나 기토[己] 일간의 사업가 사주

태어난 날의 천간이 무戊나 기己이고 태어난 연이나 월의 지지가 진辰이나 미未일 때, 나머지 연이나 월의 천간이나 지지에 금金과 수水가 있으면 사업으로 성공할 수 있다.

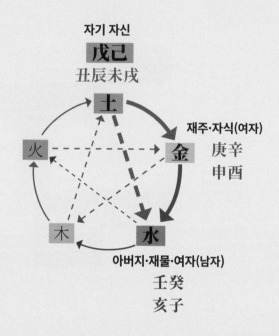

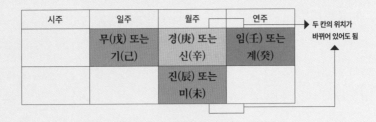

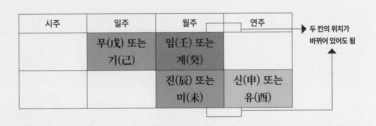

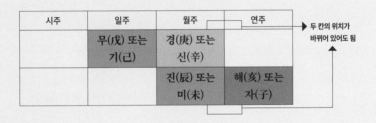

4. 경금[庚]이나 신금[辛] 일간의 사업가 사주

태어난 날의 천간이 경庚이나 신辛이고 태어난 연이나 월의 지지가 신申이나 유酉일 때, 나머지 연이나 월의 천간이나 지지에 수水와 목木이 있으면 사업으로 성공할 수 있다.

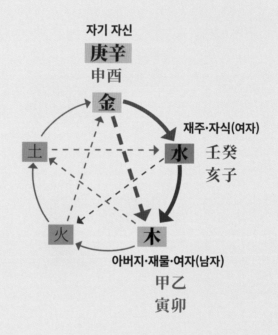

시주	일주	월주	연주
	경(庚) 또는 신(辛)	임(壬) 또는 계(癸)	갑(甲) 또는 을(乙)
		신(申) 또는 유(酉)	

두 칸의 위치가 바뀌어 있어도 됨

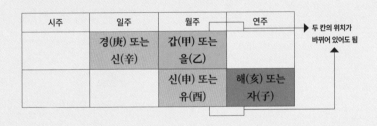

시주	일주	월주	연주
	경(庚) 또는 신(辛)	임(壬) 또는 계(癸)	
		신(申) 또는 유(酉)	인(寅) 또는 묘(卯)

두 칸의 위치가 바뀌어 있어도 됨

시주	일주	월주	연주
	경(庚) 또는 신(辛)	갑(甲) 또는 을(乙)	
		신(申) 또는 유(酉)	해(亥) 또는 자(子)

두 칸의 위치가 바뀌어 있어도 됨

5. 임수[壬]나 계수[癸] 일간의 사업가 사주

태어난 날의 천간이 임壬이나 계癸이고 태어난 연이나 월의 지지가 해亥
나 자子일 때, 나머지 연이나 월의 천간이나 지지에 목木과 화火가 있으면
사업으로 성공할 수 있다.

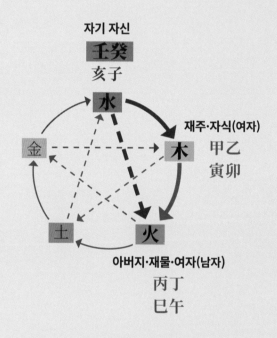

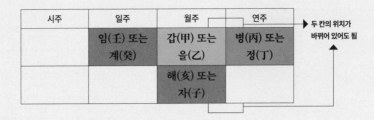

시주	일주	월주	연주	
	임(壬) 또는 계(癸)	갑(甲) 또는 을(乙)	병(丙) 또는 정(丁)	두 칸의 위치가 바뀌어 있어도 됨
		해(亥) 또는 자(子)		

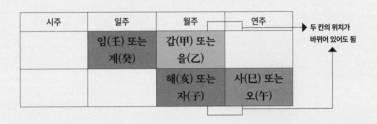

시주	일주	월주	연주	
	임(壬) 또는 계(癸)	갑(甲) 또는 을(乙)		두 칸의 위치가 바뀌어 있어도 됨
		해(亥) 또는 자(子)	사(巳) 또는 오(午)	

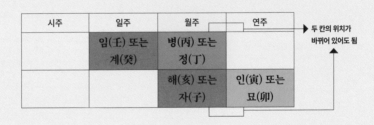

시주	일주	월주	연주	
	임(壬) 또는 계(癸)	병(丙) 또는 정(丁)		두 칸의 위치가 바뀌어 있어도 됨
		해(亥) 또는 자(子)	인(寅) 또는 묘(卯)	

사주명리는 부귀를 취하기 위한 수단이 아니라 자신을 정확히 파악하여 그 짧다면 짧고 길다면 긴 인생을 아름답고 행복하게 꾸밀 수 있는 공부다. 일기예보로 날씨를 미리 알고 대비하듯이 다가오는 인생의 날씨도 미리 안다면 자식이 원하는 삶을 살 수 있게 도와줄 수 있을 뿐만 아니라 나 자신까지도 행복해질 수 있다.

4부

누구나 자신의 인생을
걸어간다

1강

부모 욕심이
아이를 망칠 수 있다

주변에 부모와 자녀가 공부 문제로 갈등을 빚는 경우가 많다. 그런데 자녀의 공부나 진로 문제는 부모가 억지로 강요할 일이 아니다. 이때는 오히려 아이의 기질과 운을 파악해서 서로 감정적으로 다치지 않는 게 중요하다. 운명이 어쩔 수 없이 회오리칠 때엔 누구나 어려움을 겪기 마련인데, 특히 사춘기에 그런 경우를 당한 자식에게는 다그쳐서는 절대로 안 된다. 부모의 입장에서는 마음을 비우고 그 자식이 크게 다치지 않는 것만으로도 다행으로 여겨야 한다. 그렇게 할 때 자식이 부모의 사랑을 알고 빨리 그 소용돌이에서 벗어나 제대로 자신의 길을 갈 수 있다.

하쌤 선생님! 제 주변에 공부를 잘하는 아들을 특목고에 보내고 싶어 노력하다가 자식과 계속 마찰을 겪던 엄마가 있었어요. 그 아들이 전교에서 10등 안에 들 정도로 성적이 좋았거든요. 그런데 엄마가 더욱 욕심이 생겨 아들을 다그쳤고, 그렇게 할수록 아들의 반항이 더욱 거세지자 엄마가 너무 힘들어하다가 끝내 자살을 하고 말았어요. 어머니의 집착이 너무 지나치게 되자 남편까지 말렸지만 전혀 소용이 없었고, 아들은 어머니 장례식장에서 눈물 한 방울 흘리지 않고 쏘아보았다고 해요. 참 비극이지요. 캐나다로 이민을 갔다고 들었는데, 아마 그 자식은 평생 원망과 회한을 짊어지고 살아가겠지요.

해송 가슴 아픈 사연이군요. 자식을 명문고, 명문대에 보내겠다고 고집하다가 자기 성질을 이기지 못해 불행하게 된 경우가 드물지 않아요. 사실 잘 드러나지 않아서 그렇지 주변을 둘러보면 부모의 욕심 때문에 부모와 자식이 모두 불행해지는 경우가 꽤 있거든요. 자식들은 대부분 부모의 강요를 이기지 못해 공부하는 척하며 지낼 뿐이고요. 온통 다른 것에 관심이 쏠려 있는데, 공부하라고 몰아세운다고 공부를 잘할 수 있는 것은 아니겠지요. 서로의 관계만 멀어질 뿐이에요. 그래서 자식은 자식대로 엇나가고 부모는 부모대로 속이 상해 병을 앓다가 결국 서로 원수가 되는 경우가 종종 있어요.

하쌤 명리학을 배워 자녀의 사주를 어느 정도라도 볼 줄 알았더라면, 그래도 극단적인 불행은 막을 수 있었을 텐데……. 공부 외에 다른 것에 관심이 쏠려 있는 아이라면 굳이 억지로 공부를 시키려고 애쓰지 말고 그쪽 방향으로 갈 수 있게 해 주어야 하잖아요. 사람은 누구나 하고 싶은 것을 하게 놔두면, 저절로 잘하게 되니까요.

해송 맞아요. 잘 아는 아이 중에 그런 경우가 있었어요. 여자아이인데, 중학교 2학년 때부터 아버지의 사업이 기울어 어머니가 생계를 책임지게 됐어요. 엄마가 바빠서 집안을 돌보지 못하자 이 여학생은 남학생들과 어울리며 엇나가기 시작했지요. 그 어머니가 답답한 마음에 사주를 보고 공부를 그렇게 많이 하지 않아도 되는 특성화 고등학교의 뷰티과로 진학을 시켰고요. 그랬더니 차츰 학교생활에 적응하게 되었고, 3학년 2학기부터는 직장을 다니면서 가정형편에 보탬을 주었어요. 또 그 후에 대학까지 들어가 학력과 경력을 동시에 쌓으면서 알차게 생활하고 있지요.

하쌤 아주 잘된 경우군요. 모든 사람들이 그렇게 되면 얼마나 좋겠어요. 음양오행에 대해 조금만 알아도 자식을 키울 때 큰 도움을 받을 수 있는데, 아직도 많은 사람들이 명리학을 미신 취급하고 이상하게 여겨요. 제 남편까지도 명리 공부하는 것을 못마땅하게 여기고 있어요. 정말 속상해요.

해송 맞아요. 안타까운 일입니다. 그 여학생 사주를 보면서 자세히 얘기해 보죠.

태어난 시 자식 자리	태어난 일 자신·배우자 자리	태어난 월 부모·형제 자리	태어난 연 조상 자리	
乙 을목	壬 임수	丁 정화	戊 무토	천간
巳 사화	午 오화	巳 사화	寅 인목	지지

하쌤 사주로 볼 때, 저 여학생이 무엇 때문에 어긋났던 거지요?

해송 먼저 전체적인 구조를 볼까요? 본인은 태어난 날의 천간 임수 壬 인데, 사주에 목 木 이 둘에다가 불 火 이 네 개라 불덩어리지요. 자기 자신인 임수 壬 를 기준으로 보면, 태어난 해의 지지 인목 寅 과 태어난 시의 천간 을목 乙 은 자신인 임수 壬 가 내놓는 재주이지요. 그런데 태어난 달의 천간과 지지가 모두 정사 丁巳 라는 불로 되어 있고, 태어난 날과 시의 지지도 오화 午 와 사화 巳 라는 불로 되어 있어 사주 전체가 거의 불덩어리예요.

하쌤 자신을 낳아 주어 힘을 보태 주는 금 金 이나 자신과 같아 힘을 합치는 수 水 가 없이 너무 뜨겁다는 말씀이시잖아요. 이렇게 한쪽으로 몰려 있으면 크게 문제가 되지 않나요?

해송 문제가 될 수밖에 없지요. 오행의 흐름은 수 水 에서 목 木 이 나오고, 목 木 에서 화 火 가 나오며, 화 火 에서 토 土 가 나오는 구조로 되어 있잖아요. 그런데 저 사주처럼 수 水 가 너무 약한 상태에서 저렇게 거

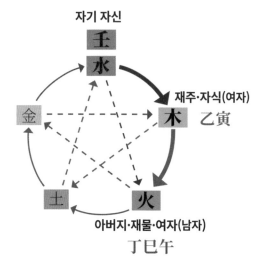

자기 자신

壬
水

金

재주·자식(여자)
木 乙寅

土

火

아버지·재물·여자(남자)
丁巳午

세계 목 木 으로 흘러 화 火 와 토 土 로 휩쓸려 나가면, 수 水 인 자기 자신은 그 중심이 사라져 정신을 차리지 못하게 되는 거지요. 남학생들과 어울려 함부로 놀았던 것은 그 때문이에요.

하쌤 　예전에 사주가 너무 뜨거운 구조로 되어 있으면, 답답해서 아무것도 할 수 없다고 하셨잖아요? 수 水 라는 자기 자신이 너무 뜨거워 답답한 상태에서 목 木 ·화 火 ·토 土 로 계속 휩쓸려 나가 중심이 없어지니, 아무렇게나 행동하며 다닌다는 의미로 말씀하신 거죠?

해송 　그렇지요. 저런 경우에는 부모님이 공부하라고 닦달하지 말고 가만히 놔두면서 하고 싶은 것을 할 수 있도록 유도해 줘야 해요. 그렇지 않으면 더 심하게 어긋나게 돼요.

하쌤 　맞아요. 하지만 사주를 모르는 부모님들의 입장에서는 그렇게 두고 볼 수 있는 분들이 몇이나 있겠어요.

해송 　그렇기 때문에 명리 공부가 참 중요한 것입니다. 원하는 인생을 살아가는 데에도 도움이 되지만, 원하지 않는 삶의 방향을 피하는 데에도 큰 도움이 되니까요. 음양오행을 공부하다 보면 세상이 돌아가는 이치를 받아들이고 점점 마음을 비울 수 있게 되지요. 자식에 대해 전혀 모르면서도 그 사주를 묻지 않는 분들이야 어쩔 수 없고, 묻거나 배우려는 분들이 있으면 먼저 마음을 비워야 한다는 점부터 알려 줘야 해요. 자식이 방황하는 것은 그렇게 하고 싶어 그러는 것이 아니라 기운의 장난으로 그렇게 하고 있다는 것을 먼저 이해해야 합니다.

하쌤 다행히 그 학생의 어머니는 해송 선생님 말씀을 듣고 아이를 닦달하지 않고, 서로 마음을 터놓고 아이와 이야기할 수 있었던 거죠. 특성화 고등학교로 진학한 아이는 그것이 적성에 맞아 학교생활에도 잘 적응하게 되었고, 또 취직을 한 다음에 공부도 같이 하고 있다니 정말 잘된 경우예요. 어쩌면 인문계 고등학교로 진학해서 공부의 압박을 이기지 못하고 계속 엇나갔을 수도 있었겠죠. 그랬다면 대학도 가지 못하고 아직까지 방황하고 있었을지도 몰라요. 그런데 선생님, 의문이 있어요. 사주 자체가 답답하다면 그 고등학교에서도 학교생활에 잘 적응하지 못해야 하는 것이 아닌지요?

태어난 시 자식 자리	태어난 일 자신·배우자 자리	태어난 월 부모·형제 자리	태어난 연 조상 자리	
乙 을목	壬 임수	丁 정화	戊 무토	천간
巳 사화	午 오화	巳 사화	寅 인목	지지

해송 답답할 때 그걸 참으면서 억지로 공부를 하는 것은 쉬운 일이 아니겠지요. 그런데 답답해도 하고 싶은 것이 있어 그것을 한다면 답답한 마

음이 다소 사라지겠죠. 저 학생은 태어난 해의 지지와 태어난 시의 천간에 자기 자신인 임수 壬 가 낳아 주는 재주의 오행인 인목 寅 과 을목 乙 이 있어 꾸미는 재주가 있어요. 곧 오행의 상생에서 보면 수 水 가 목 木 을 내놓으니, 재주를 통해 표현하는 능력이 있다는 것이지요. 더구나 그 재주가 봄을 상징하는 인목 寅 에 사화 巳 가 형살로 묶어 있어 세상을 꾸미는 것에 더욱 선천적인 특성이 있는 거지요.[1] 뷰티과로 전공을 택해 다듬고 치장하는 기술을 배우는 것은 적성에 아주 딱 맞아요.

하쌤 저 여학생은 목 木 을 재주로 사용하니, 봄에 초목이 자라 세상을 아름답게 꾸미는 재주가 있어 그런 재주를 익히게 하면 적성에 맞아 답답한 마음이 사라진다는 말씀인가요?

해송 네. 사주 자체가 뜨거운 것은 어쩔 수 없으니, 운에서 가을을 상징하는 서늘한 금 金 과 겨울을 상징하는 차가운 수 水 의 오행이 와야 해결되겠지요. 하지만 그 전이라도 자신의 적성에 맞춰 공부를 하게 하면, 그래도 답답한 마음이 덜 생기면서 점차로 재미를 붙일 수 있어요. 그때 그 어머니가 고등학교를 뷰티과로 보낸 것은 자식의 답답한 마음을 헤아리면서 기술이라도 배워 장래에 스스로 살아갈 수 있는 방법을 찾아 준 것인데, 운으로 볼 때도 정말 잘한 것이었어요.

---

1 형살은 법률·의료·보험·가공에 사용하면 좋은데, 이런 경우에는 머리와 손발을 다듬는 가공이라고 보면 된다.

태어난 시 자식 자리	태어난 일 자신·배우자 자리	태어난 월 부모·형제 자리	태어난 연 조상 자리	
乙 을목	壬 임수	丁 정화	戊 무토	천간
巳 사화	午 오화	巳 사화	寅 인목	지지

90	80	70	60	50	40	30	20	10
戊	己	庚	辛	壬	癸	甲	乙	丙
申	酉	戌	亥	子	丑	寅	卯	辰

하쌤　이 아이는 1998년인 무인(戊寅)년에 태어났으니, 엇나가기 시작하는
때가 중학교 2학년인 2012년 임진(壬辰)년이었어요. 그러니까 병진
(丙辰) 대운에서 임진(壬辰)년부터 엇나갔네요.

해송　다음 그림을 봐요. 지지에서 진辰은 봄의 끝자락에서 사巳·오午·
미未라는 여름火으로 이어 주는 인자이기 때문에 그것이 운에서 오
면 화火의 기운이 더욱 더 극성을 부려요. 대운에서든 세운에서든 마
찬가지로요. 그러니 그 아이가 그때 방황한 것은 어쩔 수 없는 것이에
요. 세운이 진辰 다음에 이어지는 사巳·오午·미未로 흘러 화火
의 기운 때문에 계속 방황할 수밖에 없어요.

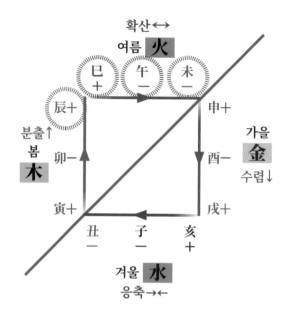

하쌤   중학교 2학년이던 2012년이 임진(壬辰)년이고, 그 이후로 2013년 계사
(癸巳)년과 2014년 갑오(甲午)년을 지나 고등학교 2학년 때가 2015년
을미(乙未)년이네요. 고3 때는 2016년 병신(丙申)년이고요. 그럼 고2
때인 을미(乙未)년까지 계속 방황했다고 봐야 하는 건가요?

해송   네. 그러나 방황을 했을지라도 뷰티과로 진학한 후에 자신의 적성
에 맞았기 때문에 전공공부를 어느 정도라도 했을 거예요. 그러다가
2015년 을미(乙未)년 가을부터 더 열심히 했을 것이고, 고3 때인 병신
(丙申)년에 지지에 가을의 서늘한 기운인 신금 申 이 왔어요. 금 金 은
이 학생에게 공부와 자격의 오행이기도 하니, 자격증을 따서 2학기 때
산업체 특별전형으로 유명기업에 취직하고, 2017년 정유(丁酉)년에는
유금 酉 이 와서 대학까지 갈 수 있었던 거지요.

하쌤 고2 때인 을미(乙未)년이요? 이때는 여름의 사 巳·오 午·미 未 에 속해 있어서 공부할 수 없는 때가 아니었는지요?

해송 다음 해가 2016년 병신(丙申)년이니, 2015년 금 金 의 계절인 가을부터 정신을 차린다고 보면 돼요. 이런 점에서 볼 때, 그 어머니가 뷰티과로 보낸 것은 아주 절묘한 선택이었어요. '비온 뒤에 땅이 굳는다.'고 하잖아요. 이 학생은 심하게 방황을 해 봤고, 또 그것을 극복했기 때문에 앞으로 인생을 훌륭하게 살 수 있을 거라고 봐요. 자신이 좋아하는 것을 하면 어려움을 극복할 수 있다는 것을 직접 겪으며 알았잖아요.

하쌤 이런 경우를 전화위복이라고 해야겠지요! 뿐만 아니라, 여기서는 지지의 합이 크게 작용을 했다고 봐야 하겠지요? 2016년 병신(丙申)년이 되면서 합이 되어 안정되니까요.

해송 합이 되어 안정되는 것도 있고, 또 신 申 이 와서 금생수(金生水)로 수 水 가 만들어지기도 하니, 안정될 수밖에 없어요.

하쌤 여름이 봄부터 시작되듯이 겨울도 가을부터 시작된다는 거지요.

해송 그렇지요. 인 寅 의 봄이 와서 목생화(木生火)로 화 火 의 여름이 만들어지듯이 수 水 의 겨울도 신 申 의 가을부터 생성되기 시작한다는 거지요.

알겠어요. 합이 되어 서늘해지는 것에 대해 자세히 설명해 주세요. 저렇게 뜨거운 사주도 서늘하게 변할 수 있다는 거지요?

태어난 시 자식 자리	태어난 일 자신·배우자 자리	태어난 월 부모·형제 자리	태어난 연 조상 자리	
乙 을목	壬 임수	丁 정화	戊 무토	천간
巳 사화	午 오화	巳 사화	寅 인목	지지

90	80	70	60	50	40	30	20	10
戊	己	庚	辛	壬	癸	甲	乙	丙
申	酉	戌	亥	子	丑	寅	卯	辰

↓

태어난 시 자식 자리	태어난 일 자신·배우자 자리	태어난 월 부모·형제 자리	태어난 연 조상 자리	
乙 을목	壬 임수	丁 정화	戊 무토	천간
巳+申=水	午 오화	巳+申=水	寅 인목	지지

90	80	70	60	50	40	30	20	10
戊	己	庚	辛	壬	癸	甲	乙	丙
申	酉	戌	亥	子	丑	寅	卯	辰+申=水

2016년 병신(丙申)년에 변화된 모습

해송 맞아요. 서로 비교해 보면 확실히 알 수 있지요. 사주에서 태어난 달과 시의 지지에 있는 사화 巳 는 2016년 병신(丙申)년의 신금 申 과 합을 해서 수 水 로 변하고(巳+申=水),[1] 화 火 의 기운을 열어 주는 대운의 진 토 辰 도 세운의 신금 申 과 합을 해서 수 水 의 기운을 생성하기 시작 하지요(辰+申=水).[2] 그러니 화 火 의 기운을 강하게 하던 진토 辰 와 사 화 巳 가 수 水 로 변해 사주가 아주 시원하게 바뀌었어요. 아마 이때 신이 나서 아주 열심히 공부했을 것이고, 그것을 기특하게 여긴 학교 에서 특별전형으로 대기업에 들어가게 앞길을 열어 주었을 거예요.

하쌤 이어지는 2017년 정유(丁酉)년에도 금 金 으로 많이 변하네요.

해송 역시 비교해 보면 알 수 있어요. 화 火 의 기운을 열어 주는 대운의 진 토 辰 가 정유(丁酉)년의 유금 酉 과 합을 해 금 金 으로 변하고(辰+酉= 金),[3] 태어난 달과 시의 지지 사화 巳 도 또 유금 酉 과 합을 해 금 金 으 로 변했어요(巳+酉=金).[4] 사주가 서늘하게 바뀌었지요. 특성화 고등학 교로 갔기 때문에 일이 잘 풀릴 수 있었던 거지요. 물론 인문계로 갔을 지라도 그때부터 정신을 차렸겠지만 그래도 원하는 공부에 취직까지 하면서 대학을 가는 것만큼은 잘 되지 않았을 겁니다.

---

1 지지의 육합에 의해 사(巳)와 신(申)은 합해 수(水)로 변한다. 169쪽 각주 참조.

2 이를 지지의 삼합(三合)이라고 한다. 해(亥)·묘(卯)·미(未)가 합을 해 목(木)으로 변하고, 인(寅)·오(午)·술(戌)이 합을 해 화(火) 로 변하며, 사(巳)·유(酉)·축(丑)이 합을 해 금(金)으로 변하고, 신(申)·자(子)·진(辰)이 합을 해 수(水)로 변한다. 여기서는 진 (辰)과 신(申)이 합을 해 수(水)의 기운이 생성되기 시작하는 것에 해당한다.

3 지지의 육합에 의해 진(辰)과 유(酉)는 합해 금(金)으로 변한다. 169쪽 각주 참조.

4 지지의 삼합에 의해 사(巳)가 유(酉)와 합을 하여 금(金)으로 변하는 것으로 본다. 위의 2번 각주 참조.

태어난 시 자식 자리	태어난 일 자신·배우자 자리	태어난 월 부모·형제 자리	태어난 연 조상 자리	
乙 을목	壬 임수	丁 정화	戊 무토	천간
巳+酉=金	午 오화	巳+酉=金	寅 인목	지지

90	80	70	60	50	40	30	20	10
戊	己	庚	辛	壬	癸	甲	乙	丙
申	酉	戌	亥	子	丑	寅	卯	辰+酉=金

2017년 정유(丁酉)년에 변화된 모습

하쌤   알겠어요. 그런데 선생님, 예전부터 정말 궁금했던 게 있어요. 어느 날 갑자기 세상에 태어나 운에 따라 삶의 수준과 형태가 달라진다면 열심히 살 필요가 없는 것인가요? 우리 자신의 의지가 개입된 것이 아니잖아요.

해송   현대 실존철학에서는 사람들이 태어나 사는 것을 세상에 던져졌다고 해요. 그처럼 현상적으로 보면 우리는 느닷없이 어느 날 태어나 저렇게 운에 따라 사는 것처럼 보여요. 그런데 사실은 우리 자신이 모두 전생에서 그렇게 만들어 놓은 거예요. 설명하기는 어렵지만, 음양오행에 대해 깊이 생각하고 사주를 보다 보면, 전생을 인정하지 않을 수 없게 돼요.

하쌤   사주를 가지고 전생을 알 수 있다는 말씀인가요?

해송   전생을 알 수 있다기보다는 명리를 깊이 연구하다가 보면 삶이 가까운 사람들끼리는 서로 얽혀 있다는 것을 점차로 인정하게 되거든요. 그리고 그것이 공연히 그렇게 되지 않았다면 전생을 인정할 수밖에 없다는 거예요.

하쌤   저도 여러 집안의 사주를 보다가 보니 식구들끼리 서로 인연으로 얽혀 있다는 선생님 말씀은 충분히 공감해요. 그런데 그 인연이 전생과 관련이 있다는 말씀이시잖아요. 설명을 좀 해주시지요!

해송   천간은 우리의 마음과 관계가 있고, 지지는 우리의 몸과 관계가 있잖아요. 천간은 기운이고 지지는 형질이니까요. 몸은 죽으면 썩어서 사라지지만 기운은 사라지지 않고 그대로 남아 있다가 다음의 생에서 또 다른 몸을 받아 태어나며 계속 이어져요. 그런데 그 새로운 몸은 어떤 몸이나 될 수 있는 것이 아니라 전생의 몸과 아주 비슷해야 그 기운이 들어갈 수 있어요. 대운이라는 시간의 흐름까지도 거의 비슷해야 해요. 그것을 전생의 업보나 인연이라고 보면 될 거예요. 둥근 몸에 있던 영혼은 둥근 영혼이기 때문에 다시 둥근 몸을 만나야 그 속으로 들어갈 수 있고, 사각 몸에 있던 영혼은 사각 영혼이기 때문에 다시 사각 몸을 만나야 그 속으로 들어갈 수 있다고 보면 되겠지요.

하쌤   우리는 절대로 우연히 태어나 지금의 삶을 살게 되는 것이 아니라는 거군요. 전생의 기운이 남아 있다가 아주 비슷한 시간의 흐름 속에서 전생의 몸과 흡사한 새로운 몸을 만나 태어나니, 가까운 사람들끼리는 또 서로 그렇게 만나 전생과 마찬가지로 서로 얽히게 된다는 말씀인가요?

해송 네. 명리학으로 볼 때는 현재의 인연을 그렇게밖에 설명할 길이 없어요. 그러니 현재의 삶을 얼마나 충실하고 행복하게 사느냐에 따라 다음 생이 결정되는 거지요! 현재의 삶은 전생에 의해서 결정되고, 다음의 삶은 현재의 삶에 의해서 결정되는데, 우리가 그것을 모르고 있을 뿐이지요.

하쌤 선생님께서 『명리 명강』에서 명리학을 수행의 학문이라고 한 것은 이런 이유 때문이겠지요. 삶이 현세로 끝나지 않고 과거의 삶에서 현재를 통해 미래의 삶으로 계속 이어지니, 함부로 아무렇게나 살아 자신과 남들을 불행하게 만들면 다음 생에서도 그런 삶을 되풀이하고, 아름답게 살아 자신과 남들을 행복하게 만들면 다음 생에서도 행복하게 된다는 말씀이군요.

해송 그렇습니다. 인연 가운데 특히 부모와 자식의 인연은 아주 처절하게 얽혀 있기 때문에 다른 무엇보다 더 중요해요. 자식은 부모의 소유물이 아니니 한 사람의 인격으로 대우하고 그 특성과 자질을 계발시켜 행복하게 살도록 최선을 다해 주어야 해요. 혹 서로 나쁜 인연으로 얽혀 왔을지라도 명리학을 배워 그것을 안다면, 전생의 업보대로 살지 말고 그 관계를 가능한 좋게 바꾸어야 해요. 그러면 그렇게 해 놓은 만큼 다음의 삶에서 다시 행복하게 만나게 될 테니까요.

하쌤 어떤 인연에 의해 왔더라도 관계를 아름답게 개선할 수 있다는 말씀이시죠? 사람은 생각할 수 있는 능력이 있으니까요. 그렇게 한다면, 좋게 만들어 놓은 만큼 행복해진다는 말씀이겠지요.

해송 사실 다음 생보다는 현재가 훨씬 더 중요하지요. 명리학을 통해 전생의 인연에 의해 그렇게 살고 있다는 것을 안다면, 조건 지어진 그대로 살지 말고 그 관계를 가능한 최선을 다해 개선해야 하겠지요. 절대적으로 행복한 가족이 몇이나 있겠어요? 모두 어려울지라도 현재의 삶을 행복하게 가꾸도록 노력하며 살아야 한다는 것이 명리를 연구하는 저의 기본적인 생각이에요.

하쌤 귀중한 말씀 감사합니다. 현재의 삶이 다음 생에 그대로 이어진다는 것을 늘 가슴에 담아놓고, 오늘의 삶이 날마다 아름답게 되도록 노력하겠습니다.

2강

좋은 대학에 가도
삶은 흔들릴 수 있다

자녀가 원하던 좋은 대학, 좋은 과에 진학해도 부모는 마음을 놓을 수가 없다. 대학에 들어가서 꿈을 향해 열심히 달려가면 모르겠지만 그렇지 않다면 조바심이 생길 수밖에 없을 것이다. 고시 공부를 하겠다던 자식이 딴짓만 하다가 군대에 간 사이 그 부모가 걱정되어 상담을 하러 왔다. 그런데 사주를 보니 고시보다는 다른 방향으로 취직해서 크게 성공할 수 있는 적성과 자질을 갖추고 있었다. 그러니 대학생활을 어느 정도만 착실하게 해도 크게 걱정할 필요가 없는 셈이었다.

태어난 시 자식 자리	태어난 일 자신·배우자 자리	태어난 월 부모·형제 자리	태어난 연 조상 자리	
	庚 경금		丙 병화	천간
巳 사화	寅 인목	子 자수	子 자수	지지

해송   서울의 어느 명문대학교 행정학과를 다니며 행정고시를 준비하다가 현재는 군복무를 하고 있는 학생의 사주예요. 부모님께서 오셔서 제대 후에도 계속 행정고시를 준비해야 할지 아니면 다른 진로를 선택하게 해야 할지 무척 고민하고 있었어요. 부모가 모두 명리학에 관심도 많고 공부도 어느 정도 하셨더라고요.

하쌤   물론 고시에 합격하여 출세를 하는 것도 좋겠지만 무엇보다 중요한 것은 본인이 하고 싶은 것을 하면서 행복하게 사는 것이 아닐까요? 저 부모님은 명리학을 알고 미리 자식의 진로에 대해 염려하니 참으로 다행스러운 일이라고 해야 하겠네요.

해송   네, 맞습니다. 이 학생은 어려서부터 운동을 무척 좋아해서 체육 선생이 되고 싶었고, 열심히 활동을 해서 나중에 대한체육회 회장이 되고 싶었답니다. 그런데 아쉽게도 체력이 받쳐 주지 않아 중학교 2학년 때에 그렇게 좋아하던 축구를 포기했다고 하더군요.

태어난 시 자식 자리	태어난 일 자신·배우자 자리	태어난 월 부모·형제 자리	태어난 연 조상 자리	
	庚 경금		丙 병화	천간
巳 사화	寅 인목	子 자수	子 자수	지지

하쌤　운동으로 성공하려면 그 자신이 태어난 날의 천간 경금 庚 과 같은 오행인 금 金 이 태어난 달이나 해의 지지에 있어 몸이 튼튼해야 하고, 또 금 金 이 내놓는 재주의 오행인 수 水 가 태어난 달이나 해의 지지

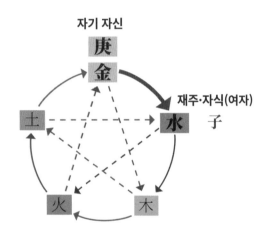

자기 자신

庚
金

재주·자식(여자)
水 子

土
火 木

에 있어 팔다리를 잘 놀려야 하잖아요. 그런데 저 사주는 재주인 자수 子 만 있네요. 자기 자신과 같은 금 金 이 태어난 해나 달의 지지에 없어 튼튼하지 못해요. 운동의 필수조건인 체력이 부족하잖아요.

해송　맞아요. 태어난 달과 해에 재주의 오행인 자수 子 가 있어 운동을 하면 화려한 개인기를 펼칠 수 있어요. 그런데 하쌤의 말씀처럼 체력이 뒷받침되지 않아 선수로 계속 나가긴 힘들어요. 실력이 있는데도 체력 때문에 축구를 포기했으니, 부모님이나 본인 모두 무척 가슴 아팠 겠지요.

하쌤   그러면 이런 경우에는 운동을 포기하고 공부를 열심히 해서 취직하는 게 좋을까요? 그러려면 공부를 할 수 있는 오행이 있어야지요. 곧 자기 자신인 경금 庚 을 낳아 주는 오행인 토 土 가 있어야 하고, 또 직장의 오행으로 화 火 가 있어야 하잖아요. 이 학생은 직장의 오행인 화 火 는 있지만 공부의 오행인 토 土 는 없네요.

해송   사주에 다행스럽게도 공부의 오행을 대신할 수 있는 것이 있으니, 그것이 바로 수 水 예요. 수 水 가 발달한 사람은 받아들여 응축하는 특성이 강해 기억력이 무척 좋아요. 웬만한 것들은 모두 외워 공부를 잘할 수 있어요.

하쌤   아! 그렇군요. 미처 몰랐어요. 수 水 의 응축으로 기억력이 좋아 공부의 오행 토 土 를 대신할 수 있다는 거네요. 그래서 좋은 학교에 갈 수 있었나 봐요. 그렇다면 강한 기억력으로 행정고시까지도 가능하다는 건가요?

해송   열심히 노력하면 가능하기는 한데, 대운이 공부에 몰두할 수 있는 방향으로 흘러가는 것이 중요해요. 돈이나 여자 때문에 정신이 팔려 방해를 받으면 안 돼요. 그 부모님이 자식이 군대 간 사이에 행정고시를 계속 시켜야 할지 고민하다 상담까지 한 경우라면 아마 뭔가 문제가 있기 때문이겠지요.

태어난 시 자식 자리	태어난 일 자신·배우자 자리	태어난 월 부모·형제 자리	태어난 연 조상 자리	
	庚 경금		丙 병화	천간
巳 사화	寅 인목	子 자수	子 자수	지지

86	76	66	56	46	36	26	16	6
己	戊	丁	丙	乙	甲	癸	壬	辛
酉	申	未	午	巳	辰	卯	寅	丑

하쌤 이 학생은 26살 생일 전까지는 임인(壬寅) 대운에 있군요. 공부보다는 경제 관념에 밝아지면서 과외와 아르바이트를 많이 했겠어요.

해송 그렇죠. 임인(壬寅) 대운에서 천간의 임수 壬 는 자기 자신인 경금 庚 이 내놓는 재주의 오행이고, 지지의 인목 寅 은 경금 庚 이 극하는 재물의 오행이니, 재주를 가지고 돈을 벌려는 생각이 강했겠지요? 실제로 그 부모님께서 말씀하시길, 아들이 군대 가기 전에 공부보다는 계속 여러 가지 아르바이트를 하면서 돈을 벌었다고 했어요.

하쌤 대운대로 공부보다 돈에 관심이 많았다는 것이군요. 대학에 들어가자마자 지금까지 공부로 억눌렸던 것을 풀기 위해 스스로 돈을 벌어 신나게 놀려고 했겠지요. 게다가 이어지는 계묘(癸卯) 대운에서도 천간에는 재주의 오행 계수 癸 가 오고 지지에는 재물의 오행 묘목 卯 이 오니, 마찬가지겠군요.

해송 네. 하지만 상황은 임인(壬寅) 대운보다 훨씬 더 나빠져요. 계묘(癸卯) 대운에서 묘목 卯 이 태어난 달과 해의 지지에 있는 자수 子 를 꼬집어[1] 자수 子 의 기억력에 문제가 생겨요. 아마 아름다운 여자친구를 사귀게 될 텐데,[2] 그 그리움으로 공부가 마음대로 되지 않을 거예요.

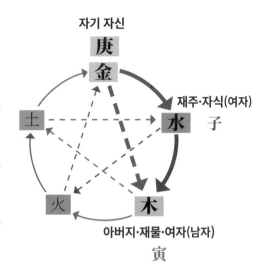

자기 자신
庚
金

재주·자식(여자)
水 子

土

火

木

아버지·재물·여자(남자)
寅

하쌤 안타까워요. 군복무를 마치고 다시 마음을 다잡아서 열심히 공부를 할 수는 없을까요? 고등학교 때 대학에 들어가기 위해 열심히 했던 것처럼요. 재학 중에 행정고시에 붙으면 얼마나 좋겠어요?

해송 그렇게 열심히 공부해서 붙는다면 참으로 다행이겠지요. 그러려면 부모님이 자식에게 설득을 잘 해야 하고, 본인도 굳게 결심을 해야 할 것인데……. 한 번 풀어진 마음을 다시 다잡기는 쉽지 않을 거예요. 사주도 그렇게 흐르고 있고.

---

1 지지의 형(刑) 중에서 자(子)·묘(卯) 형에 해당한다. 일반적으로 운에서 와서 형이 생길 경우 의료적인 수술이나 법률적인 사건이 생기는 것으로 해석하는데, 이런 경우에는 공부에 방해를 받는 것으로도 해석할 수 있다. 94쪽 각주 참조.

2 태어난 날의 천간 경금(庚金)에게 인목(寅木)이나 묘목(卯木) 모두 재물도 되지만 여자도 된다. 그런데 남녀관계에서는 음과 양의 조화가 중요하다. 경금(庚金)과 인목(寅木)은 모두 양이고 묘목(卯木)은 음이니, 계묘(癸卯) 대운에 양인 경금과 음인 묘목이 서로 조화를 이뤄 마음에 드는 여자친구를 만난다고 했던 것이다. 예쁜 여자친구를 만난 것은 좋지만 공부에 방해를 받으니, 행정고시는 점점 멀어질 수밖에 없는 것이다.

태어난 시 자식 자리	태어난 일 자신·배우자 자리	태어난 월 부모·형제 자리	태어난 연 조상 자리	
	庚 경금		丙 병화	천간
巳 사화	寅 인목	子 자수	子 자수	지지

86	76	66	56	46	36	26	16	6
己	戊	丁	丙	乙	甲	癸	壬	辛
酉	申	未	午	巳	辰	卯	寅	丑

하쌤 그러면 이런 경우에는 뭐라고 조언을 해 줘야 하나요?

해송 명문대 행정학과에 들어가 행정고시를 준비할 정도였다면, 본인과 그 부모님이 얼마나 꿈에 부풀어 있었겠어요. 사실 인생이 꼭 사주대로만 풀리는 것은 아니기 때문에 이런 분들에게 그 꿈이 불가능하다고 말씀드리기는 참으로 어려워요.

하쌤 아니, 꼭 사주대로 사는 것이 아니라고요? 그러면 사주를 볼 필요가 없다는 것인가요?

해송 그런 말이 아니에요. 사람은 기질대로 사는 것이 가장 편해요. 사주는 우리의 타고난 기질이고요. 그러나 사람에게는 생각하는 능력이 있기 때문에 정말 어렵지만 굳은 의지로 타고난 기질을 극복할 수 있어요. 그런 사람이 거의 없기는 하지만 무엇이든 불가능하다고 할 수는 없어요. 그래서 이런 경우에는 기한을 정해 두고 굳은 의지를 가지고 행정고시를 준비하거나 아니면 딴 것을 준비하라고 단호하게 말해 주어야 해요.

하쌤 행정고시가 어렵다는 말을 살짝 돌려서 조언한 것이죠?

해송 그렇다고 할 수도 있어요. 그러나 그 학생이 기질을 극복할 수 있는 사람이 아니라고 단정할 수는 없잖아요. 드문 확률이지만, 일단 어느 정도 희망을 주어야 해요. 그 희망을 실현시킬 수 있는지는 자식을 곁에서 지켜보는 부모가 가장 잘 알기 때문에 그렇게 말했던 거예요.

하쌤 선생님! 그러면 그것보다 좀 더 쉬운 공부를 하면 어떨까요? 원래는 체육 선생이 되고 싶었다고 했잖아요.

해송 교직은 교사 자격을 취득해 그것을 가지고 학교라는 직장에서 재미있고 설득력 있는 말재주로 학생들을 가르쳐 고정적인 월급을 받는 거지요. 그러니 이런 인자들이 사주에 있는지 살펴보면 돼요.

태어난 시 자식 자리		태어난 일 자신·배우자 자리	태어난 월 부모·형제 자리	태어난 연 조상 자리	
庚 경금				丙 병화	천간
巳 사화	寅 인목		子 자수	子 자수	지지

86	76	66	56	46	36	26	16	6
己	戊	丁	丙	乙	甲	癸	壬	辛
酉	申	未	午	巳	辰	卯	寅	丑

하쌤 태어난 날의 천간 경금 庚 을 기준으로 자신을 극하는 화 火 는 직장이고, 자신이 내놓는 수 水 는 재주이며, 자신이 극하는 목 木 은 봉급이니, 일단 직장에서 재주로 먹고 사는 사주는 맞아요. 그러나 교직으로 가기 위해서는 교사 자격이 있어야 하는데 그것을 상징하는 토 土 가 없군요.[1] 그리고 태어난 날의 경금 庚 은 양의 금이고, 이것을 극하는 직장도 양화인 병화 丙 라 양과 양이 맞서는군요. 이처럼 양과 양이 맞서는 거친 직장은 학교와는 맞지 않아요. 학교는 음과 양이 조화를 이루는 안정적인 직장이잖아요. 그리고 경금 庚 이 극하는 재물도 양

---

1 토(土)는 태어난 날의 천간 경금(庚金)을 낳아 주는 오행이니, 육체적으로 낳아 주면 어머니를 상징하고, 정신적으로 낳아 주면 공부·종교·수행을 상징한다. 공부와 관련하여 자격·문서·도장까지도 상징하니, 공부를 많이 하면 자격을 얻고 문서를 다룰 수 있으며 직장에서 높이 올라가 도장을 가지고 결재를 할 수 있기 때문이다.

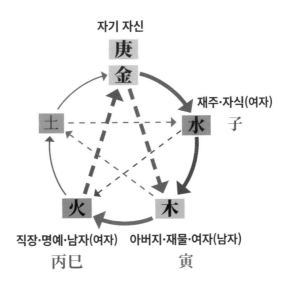

자기 자신

庚
金

재주·자식(여자)
水 子

土

火   木

직장·명예·남자(여자)   아버지·재물·여자(남자)
丙巳   寅

목인 인목 寅 이라 고정급이 아니라 성과급이네요.[2] 그런데 경금 庚 이 내놓는 재주의 오행인 자수 子 는 음이에요. 경금 庚 과 서로 음양이 맞아 펼치는 재주가 화려하겠어요. 말은 설득력 있으면서도 조용하고 차분하게 잘 하겠네요. 어렸을 때 축구를 할 때도 개인기가 뛰어났다고 했던 것도 바로 이 때문이겠지요.

해송 그렇죠. 부전공으로 교직을 선택하거나 전공을 바꾸어도 되겠지만 임용고시도 행정고시 못지않게 어렵잖아요. 그보다 더 큰 문제는 이 친구의 사주가 회사 丙 에 들어가 재주 子 를 가지고 고정급이 아니라 성

---

2 태어난 날의 천간 경금(庚金)이 극하는 목(木)은 재물과 여자를 상징하고, 반대로 경금(庚金)을 극하는 화(火)는 직장과 명예를 상징한다. 태어난 날의 천간의 음양과 재물의 음양 관계에 따라 고정적으로 받는 급여와 성과에 따라 받는 급여로 나눠진다. 경금(庚金)은 양이어서 목(木) 가운데 음에 속하는 을(乙)과 묘(卯)는 음과 양의 조화가 생겨 그것을 굳게 잡고 놓지 않으려고 하기 때문에 고정급을 받으려고 하고, 양에 속하는 갑(甲)과 인(寅)은 음과 양의 조화가 일어나지 않아 결과에 따라 성과급을 받으려고 한다.

과급 寅 을 받으며 살아가는 운명인데, 대운이 계속 목 木 으로 흘러 돈을 더 욕심내도록 된다는 거예요. 그러니 교직에 가기는 어렵다고 봐요. 굳이 억지로라도 교직을 부전공으로 택해 자격을 취득하게 된다면, 학교에서 고정적인 월급을 받기보다는 학원에서 유명 강사로 성과에 따른 급여를 받을 것으로 판단해야 해요. 아니면 학교에 있을지라도 고정급보다 더 많은 돈을 벌기 위해 이것저것 또 다른 일을 겸하여 할 겁니다.

하쌤 자격의 오행 토 土 가 없고 직장과 재물이 안정되지 않기 때문에 교직도 쉽게 할 수 있는 것이 아니라는 말씀이군요. 이런 경우는 정말 상담하기가 힘들겠어요. 부모님께 대체 뭐라고 말씀드려야 하나요?

태어난 시 자식 자리	태어난 일 자신·배우자 자리	태어난 월 부모·형제 자리	태어난 연 조상 자리	
	庚 경금		丙 병화	천간
巳 사화	寅 인목	子 자수	子 자수	지지

해송 태어난 달과 해에 있는 자수 子 의 강한 응축력 때문에 기억력이 좋아 공부를 무척 잘했을 것이고, 그 때문에 본인이 하고 싶어 했다기보다는 부모가 고시공부를 해보는 것이 어떻겠냐고 권했을 수 있어요. 그런데 대학에 들어가 아들이 공부에 열중하기보다는 아르바이트와 과외로 돈을 벌어 노는 모습만 보여 주다가 군대에 갔겠지요. 마침 이 기간에 부모가 아들에 대해 곰곰이 생각해 봤을 것이고, 또 명리 공부도

어느 정도 했기 때문에 이것이 아니라는 의문이 생겨 저를 찾아와 자세하게 사주를 봤을 거예요.

하쌤   이런 경우는 태어난 날의 지지 인목 寅 이 태어난 시의 사화 巳 를 꼬집고 조정하는 기운이 있어[1] 행정고시보다는 사법고시를 준비하는 게 낫고, 그것도 내키지 않으면 보험회사 영업직 같은 것이 딱 맞지 않나요?

해송   그렇지요! 보험회사가 싫다면 법률회사나 의료회사의 영업직도 적성이나 특성에 맞아요. 자신을 상징하는 경금 庚 과 회사를 상징하는 병화 丙 가 양과 양으로 맞서 음양의 조화가 없으니 거친 회사이고, 경금 庚 이 내놓는 자수 子 가 강한데 양과 음으로 조화를 이루니 말솜씨든 기술이든 그 재주가 아주 뛰어나고, 재물을 상징하는 인목 寅 이 있으나 자신인 경금 庚 과 양과 양으로 맞서니 안정되었다기보다는 기복이 있는 성과급이지요. 이런 직업에 해당하는 것은 변호사나 법률·의료·보험과 관계된 회사의 영업직이지요. 그런데 사법고시 외에는 이렇게 하라고 부모님께 직설적으로 말씀드리기는 어렵잖아요. 또 급변하는 미래의 직업이 상상할 수 없을 정도로 다양하니까요. 그러니 기술이나 말재주를 가지고 성과급을 받으며 먹고 사는 직장을 택할 경우에 크게 성공한다고 말해 줘야 해요.

---

1 지지의 형(刑) 중에서 인(寅)·사(巳)·신(申)이라는 삼형에 해당한다. 두 글자 이상이 서로 붙어 있을 경우, 일반적으로 의료적인 사건이나 법률적인 사건 등으로 문제가 생겼을 때 사람들끼리 서로 조정·타협하거나 개인적으로 몸을 조정하는, 곧 수술하는 특성이 있는 것으로 해석한다. 보험도 서로 조정하는 것이기 때문에 위처럼 인(寅)·사(巳) 형이 있을 경우에 사용할 수 있다. 94쪽 각주 참조.

하쌤 인생이 정말 어려워요. 저 정도로 공부를 잘해 좋은 대학, 좋은 학과에 들어갔으면 일단 한시름 덜어도 될 텐데 그렇게 하지를 못하잖아요. 선생님께서는 인생을 어떻게 보고 계시는지요?

해송 저의 인생관은 불교와 기독교의 세계관에 『도덕경』의 사상이 서로 섞여 있어요. 제가 늘 설명하는 윤회는 불교와 관련된 것이고, 사람이 기운과 형질로 이루어졌다는 것은 기독교와 관련된 것이며, 사람이 지혜와 욕망 때문에 마음을 비우지 못한다는 것은 『도덕경』과 관련된 것이지요.

하쌤 선생님의 세계관에 기독교가 섞여 있다는 것은 의외예요. 저는 그냥 불교와 『도덕경』의 세계관이라고만 보았는데…….

해송 『성경』「창세기」를 보면, 하나님께서 천지만물을 창조하신 다음에 진흙으로 사람을 만들어 놓으시고 하나님 자신의 따스한 숨결을 불어넣어 생명을 줘요. 저는 원초적으로 하나님처럼 천지를 포괄하는 거대한 생명이 있고, 그 거대한 생명의 '어떤 따스한 마음(情)'[1]이 숨결로 이어져 사람처럼 육체에다가 영혼을 가진 생명이 탄생되었다고 봐요. 사람이 그렇게 탄생했기 때문에 병들거나 늙어서 육체가 사라질지라도 하나님의 숨결로 이어진 영혼은 영원히 남아 있으면서 그 영혼이

---

1 정(情)자는 '마음 심(心)' 자와 '푸를 청(靑)' 자로 이루어진 글자이다. 그런데 오행으로 볼 때, '푸른색(靑)'은 목(木)에 속하는 것으로 '어진 마음(仁)' 곧 따스한 마음을 상징한다. 이외에 붉은색은 화(火)에 속하는 것으로 '예를 지키는 마음(禮)'에, 흰색은 금(金)에 속하는 것으로 '정의를 지키려는 마음(義)'에, 검은색은 수(水)에 속하는 것으로 '지혜로운 마음(知)' 누런색은 토에 속하는 것으로 '믿음을 지키려는 마음(信)'에 해당한다.

깨끗이 정화되어 다시 하나님의 품 안으로 돌아갈 때까지 계속 윤회를 한다고 생각해요.

하쌤 10천간과 12지지를 하나님의 숨결이라는 기운과 진흙이라는 형질로 연결해서 영혼과 육체의 작용을 설명하시려는 거군요.

해송 그렇습니다. 육체를 가지고 살면 기쁨·분노·슬픔·즐거움·사랑·미움·욕망의 자국이 어떤 형태로든지 마음에 계속 남아 있어요. 이런 자국은 육체가 사라질지라도 영혼에 그대로 남아 다음의 생에 그 구조에 맞는 육체를 택해 태어난 다음에 다시 자국으로 각인시켜 놓은 그대로 행하게 되어 있어요. 이것이 윤회인데, 근본적으로 윤회는 우리의 욕망 때문에 생긴 거예요. 그런데 '욕망(欲)'이 생기는 근본적인 이유는 '지적인 분별력(知)' 때문이지요. 「창세기」를 보면, 하나님께서 천지만물을 창조하신 다음에 또 그것들을 다스릴 사람을 창조하시고는 에덴동산에 있으라고 하시면서 동산의 모든 것을 모두 마음대로 해도 되지만 단 하나, 지적인 분별력이 생기는 선악과만은 절대로 따 먹지 말라고 신신당부를 하셨어요. 그런데 뱀의 꼬임에 빠져 그 열매를 따 먹고 눈이 환하게 밝아졌지만 에덴동산에서 그만 추방되었지요. 「창세기」의 이 말이 무슨 의미냐 하면, 사람들이 지적인 분별력으로 사물을 판단하게 되면서부터 좋은 것은 취하고 나쁜 것은 버리려는 욕망이 생긴다는 거예요. 욕망이 생기면 그것을 이루기 위해 애를 태우고, 그것을 이루지 못하면 슬픔에 빠지니, 그것이 바로 마음이 정화되지 못하고 윤회하게 되는 근본 원인이지요.

하쌤 사람들이 마음을 비우지 못하기 때문에 있는 그대로 바라보며 만족하지 못하고 분에 넘치는 욕심을 부리며, 그 욕망의 자국이 다음의 생에도 그대로 이어져 또 그대로 그렇게 살아간다는 말씀이군요. 선생님 말씀은 무슨 의미인지 알겠는데, 욕심을 부리지 않고 어떻게 세상을 살 수 있겠는지요?

해송 우리는 꼭 사회적으로 뛰어나게 되어야 성공한 것이라고 착각을 해요. 비록 하찮게 보이는 것일지라도 잘만 하면 사회에 기여하면서 개인적으로 행복하게 성공적인 삶을 누릴 수 있어요. 삶이 뭐 있냐고요? 하고 싶은 것 하면서 자신의 인생을 즐겁게 살다가 가는 거지요!

하쌤 글쎄, 그렇게 살지라도 애쓰지 않을 수는 없잖아요.

해송 사람들은 사회적으로나 가족들이 귀하게 보고 천하게 여기는 것 때문에 자신의 타고난 자질을 왜곡하게 돼요. 자신의 타고난 자질과 상관없이 귀하게 여기는 것은 추구하게 되고 천하게 여기는 것은 멀리하려고 하지요. 하지만 남의 이목, 사회적 평판, 가족의 기대 같은 게 자기 자신보다 중요한가요? 사람은 누구나 자신의 자질에 맞는 것을 하면 저절로 열중하며 그 일 자체를 즐기게 돼요. 무엇이든지 열심히 즐기면서 하게 되면, 당연히 남들보다 잘할 수밖에 없고요. 명리 공부에선 이것을 깨닫는 것이 다른 무엇보다 우선이에요. 자신의 자질을 깨달아 그것을 추구하며 살아야 하고, 또 자식이나 다른 사람들의 자질을 알아보고 그 적성대로 살도록 이끌어 줘야 해요. 그렇게 살다 보면,

세상 사람들은 자신의 일에 만족하니, 사회적인 문제도 별로 일으키지 않을 거예요.

하쌤　선생님의 이런 말씀은 『도덕경』의 무위자연 사상이 녹아 있는 것으로 보여요. 그런데 도인이 아니라면 그렇게 마음을 비우고 살 수가 있겠는지요?

해송　아이가 공부를 잘한다고 적성에 맞지 않는 의사나 판검사를 억지로 만든다면, 그 직업 자체에 만족하지 못하기 때문에 결국 그 스트레스를 반드시 엉뚱하게 풀게 되어 있어요. 말초적인 신경을 자극하는 것으로 부족한 부분을 채우려고 하는 겁니다. 그러니 사회적인 존경 때문에 또는 부모가 바라는 것 때문에 자식이 그것을 하게 해서는 절대로 안 돼요. 부모의 기대와 다른 길을 갈지라도 그냥 타고난 본성에 따라 살도록 도와주며 지켜봐야 해요. 부모가 이렇게 할 수 있으려면 극도로 마음을 비워야 하니, 결국 사회 속에 사람들과 섞여 사는 도인이라고 해야 하겠군요!

하쌤　네. 선생님께서 무슨 말씀을 하시는지 이해했어요. 저도 이제부터라도 자식들이 그 기질에 따라, 하고 싶은 것을 하도록 조용히 지켜보며 응원하겠습니다.

3강

공부도 지나치면
건강을 해친다

공부를 잘하는 것도 중요하지만, 건강의 중요성에는 미치지 못한다. 그런데 건강도 타고난 기질에 큰 영향을 받기 때문에 사주와 연관이 크다. 공부를 잘해 의대에 진학했지만 다른 한편으로 건강이 나빠 늘 부모님을 걱정시킨 사례가 있다. 사실 어느 한쪽으로 뛰어나다는 것은 대부분 사주가 한쪽으로 쏠려 있어 그 특성이 탁월하게 드러난 경우이기 때문에 그 반대쪽으로 부족한 부분이 취약할 수 있다는 것을 알아야 한다. 이런 경우에는 부족한 부분을 늘 보충하는 데 신경써야 한다.

태어난 시 자식 자리	태어난 일 자신·배우자 자리	태어난 월 부모·형제 자리	태어난 연 조상 자리	
乙 을목	辛 신금	丙 병화	戊 무토	천간
未 미토	丑 축토	辰 진토	辰 진토	지지

하쌤 선생님, 이 사람은 제가 운영하는 공부방에서 가장 공부를 잘했던 학생이에요. 중학교 때는 계속 전교 1등을 할 정도였는데, 고등학교 2학년 때부터 몸이 많이 아팠어요. 부모님 말을 들어 보면, 돈 관리를 잘해 어려서부터 저축하는 습관이 잘 되어 있고, 대학교 때는 과외로 제법 돈을 모았다고 해요. 또 부모님에게 작은 아파트를 사는 데 돈을 보태 달라고 해서 그렇게 해 주었다고 해요. 대학교 때에 몸이 좋지 않아 유급을 하고 인턴 중에도 건강이 좋지 않아 그만두고 봉급의사(Pay doctor)생활을 1년 정도 하다가 2017년 봄에 군대에 갔다나요.

해송 태어난 날의 천간 신금 辛 을 기준으로 자신을 낳아 주는 오행인 토 土 가 발달하면, 정신적인 성장을 도와주는 것이기 때문에 공부를 잘합니다. 그런데 너무 공부 쪽으로 발달하고 대운마저도 그것을 돕는 방향으로 흐른다면, 자신이 내놓는 오행 수 水 를 극해 건강을 해치게 돼요.[1] 사주를 따져 보면 바로 알 수 있어요.

---

1 사주에서 태어난 날의 천간은 자기 자신이다. 자기 자신이 내놓는 오행은 일반적으로 재주나 팔다리 재주 등을 상징한다. 그런데 자기 자신을 낳아 주는 공부의 오행이 지나치게 강하면 재주와 팔다리를 극해 놀리지 못하게 하여 몸을 병들게 한다. 이 학생의 사주로 보면 태어난 날의 천간은 신금(辛金)이며, 자신을 내놓는 오행은 토(土)로 사주에서 태어난 해의 무진(戊辰) 토(土)와 태어난 월·일·시의 진(辰)·축(丑)·미(未)의 토(土)이다. 자기 자신이 낳아 주는 오행인 수(水)는 사주에 없다. 이럴 경우에 운동을 거의 하지 않은 상태로 하루 종일 꼼짝하지 않고 책상에만 앉아 있는 것으로 보면 된다.

태어난 시 자식 자리	태어난 일 자신·배우자 자리	태어난 월 부모·형제 자리	태어난 연 조상 자리	
乙 을목	辛 신금	丙 병화	戊 무토	천간
未 미토	丑 축토	辰 진토	辰 진토	지지

86	76	66	56	46	36	26	16	6
乙	甲	癸	壬	辛	庚	己	戊	丁
丑	子	亥	戌	酉	申	未	午	巳

하쌤 이 사람은 사주에 자기 자신 金을 낳아 주는 공부의 오행 土가 다섯이나 있어요. 그것도 힘이 센 연의 천간과 지지 그리고 월의 지지에까지 있어 그 힘이 엄청나게 강할 수밖에 없군요. 역시 공부를 잘하는 사람들은 공부의 오행이 강하다는 것을 바로 알 수 있네요. 그런데 공부의 오행이 너무 강하면 몸이 아프다고 봐야 하는지요?

해송 꼭 그렇다고 할 순 없지만, 여기에서도 운이 어떻게 들어오는지를 잘 봐야 해요. 대운이 사巳·오午·미未처럼 화火로 흘러가면 화생토(火生土)로 토土의 기운이 더욱 강해지기 때문에 몸이 많이 아프게 돼요. 이 사람 지금 몇 살이죠?

하쌤 30살로 기미(己未) 대운이니, 역시 화 火 기운이 강하게 작용하고 있어요. 그러면 말씀대로 당연히 몸이 아플 수밖에 없겠군요.

태어난 시 자식 자리	태어난 일 자신·배우자 자리	태어난 월 부모·형제 자리	태어난 연 조상 자리	
乙 을목	辛 신금	丙 병화	戊 무토	천간
未 미토	丑 축토	辰+申=水	辰+申=水	지지

86	76	66	56	46	36	26	16	6
乙	甲	癸	壬	辛	庚	己	戊	丁
丑	子	亥	戌	酉	申	未	午	巳

해송 네. 하지만 36살부터 경신(庚申) 대운이 오면, 대운의 신금 申 과 태어난 달과 해의 진토 辰 가 합으로 수 水 가 되면서 차츰 나아질 거예요 (辰+申=水).[1] 그런데 이 친구 성질이 날카롭고 신경질적이군요. 이 성질 고치지 않으면 어딜 가도 환영받지 못하고 사람들과 늘 충돌을 일으켜 무척 불편할 텐데요.

하쌤 성격이 그렇기는 하지만 워낙 공부를 잘하니, 그 부모님은 몸이 좋아지면 그러지 않을 것으로 생각하고 있어요.

---

1 지지의 삼합에 의해 신(申)과 진(辰)이 합을 해 수(水)로 변한다. 197쪽 각주 참조.

태어난 시 자식 자리	태어난 일 자신·배우자 자리	태어난 월 부모·형제 자리	태어난 연 조상 자리	
乙 을목	辛 신금	丙 병화	戊 무토	천간
未 미토	丑 축토	辰 진토	辰 진토	지지

해송　몸이 아파 더 심해진 것도 있겠지만, 원래 그런 성격이에요. 지지를 보면 바로 알 수 있잖아요.

하쌤　그렇군요. 지지들 중 편하게 있는 것이 하나도 없네요. 태어난 월과 해의 지지가 진辰과 진辰으로 서로 물어뜯고,[1] 또 태어난 월과 일의 지지가 진辰과 축丑으로 서로 곱게 쳐다보지 않으며,[2] 태어난 날과 시의 지지가 축丑과 미未로 서로 주먹질을 하고 있군요.[3]

해송　이런 경우는 어린 시절부터 성격을 다스리는 연습을 시켜야 해요. 그 부모는 공부에서 오는 스트레스로 그런 줄 알고 오냐오냐 하면서 키웠을 거예요. 성질 건드리면 더 아플 거라고 여기면서요. 하지만 그 성질 고치지 못하면, 가족은 물론 주변 사람들을 늘 불편하게 하고 결과

---

1 지지의 형(刑) 중에서 진(辰)·진(辰)이라는 자형(自刑)에 해당한다. 두 글자 이상이 서로 붙어 있을 경우, 일반적으로 의료적인 사건이나 법률적인 사건 등으로 문제가 생겼을 때 사람들끼리 서로 조정·타협하거나 개인적으로 몸을 조정하는, 곧 수술하는 특성이 있는 것으로 해석한다. 94쪽 각주 참조.

2 지지에서 진(辰)과 축(丑), 진(辰)과 미(未), 해(亥)와 인(寅), 사(巳)와 신(申), 묘(卯)와 오(午), 유(酉)와 자(子)가 서로 붙어 있거나 또는 어느 하나만 있고 다른 하나가 운에서 와서 서로 부딪힐 때, 서로의 작용을 파괴하여 방해하니, 이것을 파(破)라고 한다. 파(破)가 있으면 정신적인 문제나 내부의 문제로 일을 방해하는 것으로 본다.

3 이것을 사주에서 충(沖)이라고 하는데, 자(子)와 오(午), 축(丑)과 미(未), 인(寅)과 신(申), 묘(卯)와 유(酉), 진(辰)과 술(戌), 사(巳)와 해(亥)가 서로 붙어 있으면, 서로 반대운동을 하여 하나를 없애 버림으로써 문제를 일으키는 것이다.

적으로 자기 자신까지 불행하게 돼요. 또 사회적으로 성공할지라도 주변과 친하지 못해 외롭게 되기 쉬워요.

하쌤　사주를 봐 주다가 보면 사람들의 속사정을 알게 되는데, 마음 편히 사는 경우는 거의 없는 거 같아요.

해송　누구나 겉으로만 보면 전부 좋게 보이지요. 자신의 단점을 굳이 밖으로 드러내지 않을 테니까요. 그런데 명리를 공부하며 사람들의 사주를 보다 보면, 좋은 것이 있는 만큼 나쁜 것도 있다는 것을 알게 돼요. 또한 인생이 원래 그러하다는 것을 깨닫게 되면서 화려한 겉모습으로만 삶을 바라보지 않게 됩니다.

하쌤　그러면 선생님께서 보기에 어떤 삶이 이상적인 것 같아요?

해송　부부의 정분이 좋고 자식들이 공부를 잘하며 건강하면 좋겠지만, 그렇지 않고 부부가 티격태격 조금 싸우며 살지라도 가족들의 건강 하나만이라도 좋다면 행복한 가정이 아닐까요.

하쌤　맞는 말씀이지만, 그렇게 생각하기가 쉬워야지요. 그건 그렇고 아까 그 사람은 봉급을 받으며 의사 생활을 잠깐 하다가 군대 갔기 때문에 아직 전공을 선택하지 않았다고 해요. 이런 사주의 경우에는 어떤 전공이 어울리는지요?

태어난 시 자식 자리	태어난 일 자신·배우자 자리	태어난 월 부모·형제 자리	태어난 연 조상 자리	
乙 을목	辛 신금	丙 병화	戊 무토	천간
未 미토	丑 축토	辰 진토	辰 진토	지지

해송 일반적으로 의사 사주는 전문자격을 가져야 하니 태어난 날의 천간 金을 낳아 주는 공부·자격의 오행 土 이 뛰어나야 하겠죠. 또한 수술 등을 할 수 있는 기술이 있어야 하니, 태어난 날의 천간이 낳아 주는 재주의 오행 水 이 뛰어나면서 지지들끼리 서로 꼬집는 형(刑)이 있어야 해요.[1] 이 사람의 사주는 태어난 해와 달의 지지에 있는 공부·자격의 오행인 토 土 가 있고, 진 辰 ·진 辰 의 형이 있어 의사 자격이 있는 것은 맞아요. 그런데 이 사람에게 진 辰 은 공망으로 그 역할을 제대로 하지 못하는 지지여서 다소 문제가 될 수 있어요.[2]

하쌤 일반적인 의사 사주로는 무엇인가 부족하다는 말씀인가요?

해송 수술을 하려면 자신이 낳아 주는 오행이 있어 손재주가 있어야 하는데 거기에 해당하는 수 水 가 없다는 것에 주목해야 해요. 그래서 수술하지 않는 과를 전공으로 택하는 것이 좋은데, 마침 진 辰 과 축 丑 이

---

1 사주에 형(刑)에 해당하는 글자가 두 글자 이상이 서로 붙어 있을 경우, 일반적으로 의료적인 사건이나 법률적인 사건 등으로 문제가 생겼을 때 사람들끼리 서로 조정·타협하거나 개인적으로 몸을 조정하는, 곧 수술하는 특성이 있는 것으로 해석한다.

2 공망은 10천간과 12지지가 서로 결합할 때, 천간이 두 개 모자라서 생기는 것이다. 사주 당사자의 태어난 날 신축(辛丑)을 기준으로 할 때, 진토(辰)와 사화(巳)가 공망이다. 사주에 공망이 있으면 그것이 제 역할을 60% 정도밖에 하지 않는다.

서로 노려보고 있어[3] 정신적인 문제를 해결하는 것으로 사용할 수 있으니, 정신과가 좋아요. 또한 진辰이 공망으로 그 역할을 제대로 하지 못하는 것도 정신과와 맞고요.

태어난 시 자식 자리	태어난 일 자신·배우자 자리	태어난 월 부모·형제 자리	태어난 연 조상 자리	
乙 을목	辛 신금	丙 병화	戊 무토	천간
未 미토	丑 축토	辰 진토	辰 진토	지지

하쌤 진辰이 공망이라 역할을 제대로 하지 못해 정신과와 맞다는 것은 무슨 말씀인지요?

해송 진토辰는 자기 자신인 신금辛을 낳아 주는 오행이기 때문에 공부·자격·문서 같은 것이에요. 그 공부·자격은 공부의 상징이기 때문에 정신과 관련된 것인데, 그것이 공망으로 제 역할을 제대로 하지 못하고 있어요. 그러니 정신이 제대로 되지 않는 것에 대한 자격으로 정신과 의사라는 거예요.

하쌤 아하! 선생님께서 이렇게 명리의 특성을 연결시켜 사주를 풀어 주실 때에는 정말 재미있어요.

---

3 지지에 파가 있으면 내부적인 문제로 관련 인자의 역할을 제대로 발휘하지 못하니, 시험이나 중요한 일을 할 때 스트레스로 체하거나 두통 등이 생겨 어려움을 겪을 수 있다. 이것을 직업으로 사용할 땐 형(刑)보다 약하니, 의사일 경우에는 직접적인 수술보다 정신적인 치료에 해당한다. 222쪽 각주 참조.

해송　명리를 계속 공부하다 보면 간지의 특성이나 법칙들을 스스로 연결시킬 수 있는 능력이 생겨요. 그건 그렇고 어쩌면 저 사람도 정신과 의사가 되어 수행을 하기 위해 이 세상에 왔는지도 몰라요.

하쌤　느닷없이 무슨 말씀을 하시는 건지요?

해송　쌤께서도 지지가 모두 서로 노려보며 꼬집고 부딪히고 있어 성격이 아주 까칠한 사람이라고 하셨잖아요. 지지가 저런 식으로 되어 있으면 매사를 긍정적으로 보기보다는 부정적으로 봐요. 그런데 정신적으로 문제가 생기는 것도 세상을 부정적으로 보기 때문이지 않은가요? 그런 사람들을 치료하면서 자신을 되돌아볼 것이고, 자신을 되돌아보게 되면 정신적으로 문제가 생긴 사람들에게 다시 연민을 가지고 그 내면을 깊이 바라보게 되겠지요. 어쩌면 이 사람은 아주 훌륭한 정신과 의사가 될 수도 있어요.

하쌤　결국 저 사람이 훌륭한 정신과 의사가 되기 위해서는 그 자신부터 극복해야 한다는 말씀이군요.

해송　네. 그렇게 되지 않으면 도리어 정신과 의사를 그만둘 수도 있어요. 저 신경질적인 사람이 남의 이야기를 들으면서 연민을 갖지 못하면 어떻게 계속 일할 수 있겠어요? 하지만 틀림없이 훌륭한 의사가 될 것이라고 봐요.

하쌤 왜 그렇게 생각하시는지 설명해 주실 수 있나요?

태어난 시 자식 자리	태어난 일 자신·배우자 자리	태어난 월 부모·형제 자리	태어난 연 조상 자리	
乙 을목	辛 신금	丙 병화	戊 무토	천간
未 미토	丑 축토	辰+申=水	辰+申=水	지지

86	76	66	56	46	36	26	16	6
乙	甲	癸	壬	辛	庚	己	戊	丁
丑	子	亥	戌	酉	申	未	午	巳

해송 36살 경신(庚申) 대운부터 강한 진토 辰가 신금 申과 합을 해서 수 水로 변하잖아요.(辰+申=水) 곧 공부의 오행 토 土가 水로 변해 금생수(金生水)가 되니, 성격이 느긋해지고 너그러워지면서 자신을 되돌아볼 여유가 생

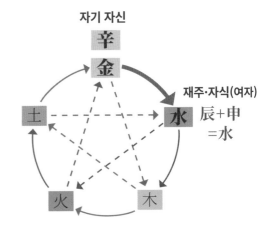

길 겁니다. 이때 정신적으로 예민하고 어려움을 겪는 사람들을 상대하면서 그 원인이 어디에 있는지 자기 자신과 비교하면서 깊이 통찰할 수 있을 거고요.

하쌤   결국 자율적인 의지보다는 대운이 흐르는 것에 저 사람의 운명이 걸려 있다는 말씀이군요. 그럴지라도 어쨌든 마음을 비우고 현재의 삶에서 자신의 운명을 관조하면서 삶을 충실하고 아름답게 가꾸는 것이 최선이겠지요?

해송   저도 말은 그렇게 하지만 사실 그게 굉장히 어려운 거예요. 즐겁고 행복할 때는 내가 잘나서 그런 것이라고 자만하기 쉽고, 고통스럽고 불행할 때는 세상이 나빠서 그런 것이라고 원망하게 되지요. 즐거울 때는 즐거운 대로 자신을 되돌아보고 고통스러울 때는 고통스러운 대로 자신을 되돌아보며 삶을 아름답게 가꾸도록 노력해야 하는데, 이게 그렇게 말처럼 쉽지 않지요.

하쌤   선생님, 그런 설명도 사주원리로 할 수 있는지요?

태어난 시 자식 자리	태어난 일 자신·배우자 자리	태어난 월 부모·형제 자리	태어난 연 조상 자리	
乙 을목	辛 신금	丙 병화	戊 무토	천간
未 미토	丑 축토	辰 진토	辰 진토	지지

해송   육친으로 설명해 볼게요. 사주 여덟 글자에서 태어난 날의 천간인 일간은 자기 자신을 상징하잖아요. 위의 사주로 본다면 그것은 신금 辛이지요. 자기 자신인 일간을 낳아 주는 오행은 인성(印星)이라고 하는데, 어머니나 공부·자격·문서 등을 상징하잖아요. 위에서는 무토 戊

나 진토 辰 와 같은 토 土 이지요. 일간이 낳아 주는 오행은 식상(食傷)이라고 하는데, 재주·손발 등을 상징하잖아요. 위의 사주에서는 수 水 인데 없어요. 일간이 극하는 오행은 재성(財星)이라고 하는데, 아버지·재물 등을 상징하잖아요. 위에서는 을목 乙 과 같은 목 木 이지요. 일간을 극하는 오행은 관성(官星)이라고 하는데 직장·명예 등을 상징하잖아요. 위에서는 병화 丙 와 같은 화 火 이지요. 또 일간 자신과 같은 오행인 금 金 을 비겁(比劫)이라고 하는데, 형제·친구·동료를 상징하잖아요. 위의 사주에는 없어요. 여기서 일간·비겁·식상·인성·재성·관성을 사주 용어로 육친이라고 하지요.

하쌤   어느 하나의 간지를 기준으로 상생과 상극을 따질 때 육친이 나오는데, 아니 그것을 가지고 무엇을 설명하시려고 그러시는 건가요?

해송   육친을 그 관계로만 따지면 다음과 같은 그림이 나오잖아요. 일간 자신을 기준으로 그 관계를 보면, 먼저 일간 자신이 내놓는 식상이 나오고, 이어서 재성, 관성, 인성이 나오면서 연결되지요. 이렇게 연결되는 것에 인생의 원리는 물론 윤회의 원리까지 숨어 있어요.

하쌤   그렇다면 먼저 인생의 원리부터 육친으로 설명해 주셨으면 해요.

해송   사람이 처음 태어나면 먹고 노는 것밖에 모르잖아요. 육친으로 그것이 무엇이라고 보시는지요?

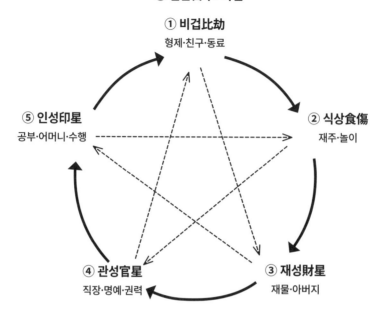

⑥ 일간日干: 자신

① 비겁比劫
형제·친구·동료

⑤ 인성印星
공부·어머니·수행

② 식상食傷
재주·놀이

④ 관성官星
직장·명예·권력

③ 재성財星
재물·아버지

하쌤   먹고 노는 것은 재주의 오행에 해당하는 식상이잖아요.

해송   맞아요. 자기 자신이 낳아 주는 오행인 식상이죠. 어린 시절에는 그렇게 놀면서 지내다가 점점 자라면서 사는 데에는 그 이상으로 필요한 무엇이 있다는 것을 알게 되지요. 그게 육친으로 뭐지요?

하쌤   재성인 돈이 아닌가요?

해송   그렇지요. 그것이 바로 자신이 극하면서 추구하는 오행인 재성이지요. 먼저 사는 데 돈이 필요하다는 것을 알고, 그리고 또 이어서 그 이상의 것이 필요하다는 것을 알게 됩니다. 그건 무엇일까요?

하쌤 관성인 권력이겠지요.

해송 네. 자신을 극하는 오행인 관성이지요. 사람은 또 그것에 맞추어 살아 가려고 하고요. 저는 권력의 정점이 대통령이라고 보는데, 사람들이 여기까지 올라가면 또 무엇을 추구하게 될까요? 특히 우리나라 같은 경우에는 대부분 거의 모든 분이 불행하게 되었지요? 특히 그런 분들은 속으로 무슨 생각을 할까요? 아니 그 정점에까지 올라가고 나면 무엇을 생각하게 될까요?

하쌤 권력의 덧없음을 실감하고 종교적인 귀의 같은 것을 생각하지 않을까요?

해송 종교적인 귀의는 육친으로 어디에 해당할까요?

하쌤 종교나 수행을 상징하는 것은 인성이잖아요. 아! 무슨 말씀을 하시려는지 이제 대충 짐작이 되는군요. 육친의 순서에 따라 인생이 점점 더 나아가며 전개된다는 것이군요.

해송 그렇습니다. 말씀 드렸다시피 한 번 태어나 살아가는 삶이 육친의 순서와 비슷해요. 인생이 나아가는 것도 똑같아요. 사람의 영혼은 처음에 거대한 영혼에서 떨어져 나와서 육체를 갖게 돼요. 그 영혼이 육체를 갖게 되면, 처음에는 먹고 노는 것 외에는 아무것도 몰라요. 그러다가 놀기 위해서는 돈이 필요하다는 것을 알게 돼요. 그런데 돈은 모든 사람들이 벌기 위해 서로 다투는 것이기 때문에 벌기 쉽지 않다는 것을 깨닫게 되고요. 그래서 돈 버는 방법을 얻기 위해 노력하지요. 물론 이렇게 노력한 흔적은 영혼에 자국으로 남아 다음 생에 그대로 이어져요. 이제 돈을 어느 정도 벌고 나면 다시 권력을 추구하게 되지요. 그런데 권력은 돈을 버는 것보다 더 치열하다는 것을 깨닫게 됩니다. 그리고 그것도 영혼에 자국으로 남아 권력을 얻기 위해 몸부림치게 되지요. 그리고 그 정점에 올라가서는 인생의 허무를 깨닫고 종교적으로 귀의하기 위해 또는 영혼을 정화시키기 위해 다시 노력하게 되는 거지요.

하쌤 권력의 정점에 오르는 것까지는 이해가 되는데, 사실 대답은 했지만 그 후에 종교적으로 귀의하거나 영혼을 정화시키기 위해 노력한다는 것은 이해가 되질 않아요. 사람의 세속적인 욕심은 끝이 없는 것이 아닌가요?

해송 현재의 삶에서 노력한 것이 영혼에 자국으로 남는다는 말의 의미를 알아야 해요. 살면서 강하게 집착하는 것은 언제나 영혼에 각인되어 이어지니, 권력의 정점에까지 올라갔으면 그동안 영혼에 각인된 것이 얼마나 많겠어요? 이렇게 되면 그 영혼은 순수한 것이 아니라 세상을 잘 살기 위한 집착으로 얼룩진 것이겠지요. 그런데 권력의 정점에 오르고 나면 삶에서 더 이상 추구할 것은 없게 되지요. 그래서 결국 인생의 허무를 깨닫게 되는데, 이때부터 종교적인 귀의나 영혼의 정화를 위한 수행이 시작된다는 겁니다.

하쌤   삶은 결국 우리의 욕망을 이루기 위해 치닫게 되고, 그 욕망의 정점에 오르고 나면 인생의 허무를 깨닫고 다시 원래의 상태로 되돌아가려고 노력하게 되니, 그것이 종교적인 귀의나 수행이라는 것이죠?

해송   네. 이것이 제가 명리 공부를 하면서 깨달은 결론이에요. 그런데 종교적인 귀의나 수행은 명리로 되는 것이 아니에요. 아주 어렵기 때문에 종교마다 수행단체마다 각양각색의 방법이 있으니, 그것은 각자의 인연에 따라 또 윤회를 거듭하며 영혼이 깨끗이 정화될 때까지 이어질 겁니다.

하쌤   선생님 의도대로 모두 다 이해되는 것은 아니겠지만 무슨 말씀을 하시는지는 알겠어요. 좋은 말씀 감사합니다.

누구나 부러워하는 사람에게도
아픔이 있다

부러울 것 없이 사는 사람들은 어떤 운명을 타고났는지 궁금할 때가 있다. 그런데 사주를 보면 알겠지만 모든 것이 다 좋을 수는 없다. 오행에서 치우친 부분이 있다면 좋을 때는 아주 좋을 수 있지만 반대로 나쁠 때는 그만큼 또 고통이 크기 때문이다. 사람의 마음이란 이미 자신이 가진 것의 가치는 알아보지 못하고 가지지 못한 것에만 집착하기 쉽다. 그렇게 사람은 누구나 각자의 짐을 가지고 태어나니, 그것을 해결하기 위해 안간힘을 다하며 사는 것이 인생이다.

태어난 시 자식 자리	태어난 일 자신·배우자 자리	태어난 월 부모·형제 자리	태어난 연 조상 자리	
戊 무토	丁 정화	庚 경금	壬 임수	천간
申 신금	丑 축토	戌 술토	子 자수	지지

하쌤 선생님, 이 사주는 제 친구 막내 동생의 것으로 제가 살면서 가장 부러웠던 사람이에요. 부잣집에 태어나서 별다른 어려움 없이 컸는데, 지금도 교사에서 장학사로 잘 나가요. 이 사람을 보면 정말 그 인생이 궁금해서 선생님과 꼭 한 번 이 사주를 자세히 풀어 보고 싶었어요.

해송 부러워하지 마세요. 인생이 그렇게 간단하지 않아요. 네 기둥 여덟 글자의 구조가 조화를 아주 잘 이루고 있지 않는 한, 절대로 모든 것이 다 좋을 수는 없어요. 남들에게 말할 수 없는 아픔이 있을 거예요.

하쌤 공부를 잘한 것은 태어난 해에 있는 임자 壬子라는 수 水의 응축으로 기억력이 좋기 때문이겠지요. 초등학교 때부터 남들과 어울려 노는 것도 잘하면서 공부도 엄청 잘했어요.

해송 일단 교사 사주가 되려면, 자기 자신 丁을 내놓는 공부의 오행 목 木, 그 자신이 내놓는 재주의 오행 토 土, 그 자신을 극하는 직장의 오행 수 水, 그 자신이 극하는 재물의 오행 금 金이 있어야 하잖아요.[1] 교사에 필요한 공부의 오행 木 이외에는 모두 있어요. 그런데 하쌤 말씀대

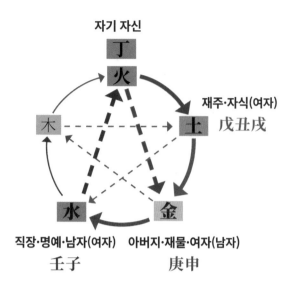

자기 자신
丁
火

재주·자식(여자)
土
戊丑戌

木

水

金

직장·명예·남자(여자)　　아버지·재물·여자(남자)
壬子　　　　　　　庚申

로 수 水 가 태어난 해에 강하게 있어 이것으로 공부의 오행을 대신할 수 있어요. 기억력이 좋아 금방 모두 외워 버리니, 남들보다 공부를 잘 할 수밖에 없어요. 더구나 대운이 출세하도록 잘 흐르고 있군요.

하쌤　그럼 이 사람은 앞으로도 계속 승승장구한다는 것인가요?

해송　이분의 사주를 보면, 임자 壬子 가 태어난 해에 있어 명예나 직장을 상징하는 오행이 아주 강해요. 사실 자기 자신을 극하는 관성이 너무 강하면 감당하기가 버거운데, 대운이 22살 때부터 미 未 ·오 午 ·사 巳 의 화 火 로 흐르면서 자신 丁 이 힘을 갖게 되어 그것을 감당할 수 있

---

1 교사는 학교라는 직장에서 교사자격을 가지고 자신의 말재주로 학생들을 가르치고 봉급을 받는 것이니, 그 자신인 정화(丁火)를 기준으로 할 때, 교사자격으로 공부·자격의 오행 목(木), 말재주로 재주의 오행 토(土), 학교로 직장의 오행 수(水), 그리고 봉급으로 재물의 오행 금(金)이 있어야 한다.

게 돼요. 아마 처음 교사로 발령받은 다음에 교장까지 바라보고 진급에 필요한 모든 교육을 차례대로 받으며 아주 열심히 노력했을 거예요. 그런데 42살부터 을사(乙巳) 대운에서 기회가 왔지요. 을목 乙 은 원래 사주에 없는 공부·자격의 오행도 되지만 또한 결재권도 되기 때문에 장학사로 갈 수 있었던 거예요.[2] 계속 대운이 목 木 으로 흘러 결재권이 살아 있으니, 큰 탈 없이 교장까지, 아니 그 이상까지 진급할 수 있어요.

태어난 시 자식 자리	태어난 일 자신·배우자 자리	태어난 월 부모·형제 자리	태어난 연 조상 자리	
戊 무토	丁 정화	庚 경금	壬 임수	천간
申 신금	丑 축토	戌 술토	子 자수	지지

82	72	62	52	42	32	22	12	2
辛	壬	癸	甲	乙	丙	丁	戊	己
丑	寅	卯	辰	巳	午	未	申	酉

하쌤 그런데 아까 그 사주에서 말하지 못하는 아픔이 있을 것이라고 하신 것은 무엇 때문인가요?

해송 태어난 해에 있는 임자 壬子 를 보세요. 이분에게 수 水 는 직장과 명예도 되지만 남편도 돼요. 그런데 지지의 대운에서 미 未 ·오 午 ·사 巳

---

2 사주 용어로 사화(巳火)를 을목(乙木)의 목욕지라고 하는데, 그때가 세상에서 인성으로 재주를 한껏 빛낼 수 있는 기회다.

라는 화 火 의 대운을 거쳐 지나갔다면 남편이 그 역할을 거의 제대로 하지 못했다고 보면 될 거예요. 살면서 거의 대부분의 사람들이 부부 간에 문제를 겪기도 하겠지만 이들 부부는 처음부터 문제가 되고 있 어요.

하쌤 그래서 그런지 그 남편이 사업을 하다가 돈을 크게 날리고 화물트럭 을 몬다는 것 외에는 전혀 들은 것이 없어요.

태어난 시 자식 자리	태어난 일 자신·배우자 자리	태어난 월 부모·형제 자리	태어난 연 조상 자리	
戊 무토	丁 정화	庚 경금	壬 임수	천간
申 신금	丑 축토	戌 술토	子 자수	지지

82	72	62	52	42	32	22	12	2
辛	壬	癸	甲	乙	丙	丁	戊	己
丑	寅	卯	辰	巳	午	未	申	酉

해송 아마 그분은 어린 시절부터 대학 졸업 때까지 행복하게 보냈고 또 직 장도 잘 얻어 승승장구했을지라도 남편까지 그렇게 잘 되지는 못했던 거지요. 30대 초반의 병오(丙午) 대운에 이혼했거나 아니면 한집에 살 면서도 서로 으르렁 대며 소 닭 보듯 지냈을 겁니다.

하쌤 그렇다면 직장에서도 문제가 생겨야 하는 것이 아닌지요?

해송 임자 壬子 라는 태어난 해의 수 水 는 남편을 상징하는 동시에 직장도 상징하는데, 32살부터 대운 병오(丙午)가 와서 화 火 와 정면으로 서로 부딪히기 때문에[1] 남편과 직장 모두 위험할 수 있어요. 그런데 이분이 교직에 있으니, 직장은 이 학교에서 저 학교로 옮겨 다니는 것으로 지나갈 수 있어요. 곧 학교라는 것이 몇 년마다 한 번씩 발령이 나니, 그것으로 대신했다고 할 수 있어요.[2] 마찬가지로 남편도 망해서 운전하며 집에 자주 오지 못하는 것으로 대신했다고 할 수 있지요. 그리고 직장 壬子 에서 진급은 태어난 날의 천간 정화 丁 를 낳아 주는 목 木 인데, 이것이 42대운에서부터 천간에서는 을목 乙 과 갑목 甲 으로 지지에서는 묘목 卯 와 인목 寅 으로 계속 이어지기 때문에 걱정할 것이 없어요. 교장이나 그 이상까지도 진급할 수 있다고 봐요.

하쌤 남편이 고생하는 것 외에는 거의 모든 것에 큰 문제가 없군요.

해송 아마 주변에 이 정도로 잘 나가는 분도 별로 없을 거예요. 그래서 아는 사람들이 모두 부러워하는 것이고요. 그러나 저분에게 남편의 아픔은 굉장히 커요. 경제적으로 넉넉하지 않아도 자식들과 함께 알콩달콩 사는 다른 부부를 보면 겉으로 드러내지 않아 그렇지 굉장히 부러워할 수 있어요.

---

1 사주에서는 이것을 충(冲)이라고 하는데, 천간에서는 병화(丙)와 임수(壬)가, 지지에서는 자수(子)와 오화(午)가 서로 정면으로 부딪친다.

2 간지가 서로 정면으로 부딪히는 것은 사고로 하나의 간지가 날아가는 것으로 해석하기도 하고, 이곳저곳으로 옮겨다니는 것으로 해석하기도 한다.

하쌤 남편과의 운명은 그렇다고 체념할 수도 없고, 도대체 어떻게 해야 하나요?

해송 굉장히 어려운 일이죠. 일단 마음을 비워서 가라앉히고 운명을 있는 그대로 받아들여 관조해야 해요. 그러면 자신의 영혼에 얽혀 있는 운명의 자국을 바라볼 수 있고, 그 자국을 지워 버리거나 넘어설 수도 있어요.

하쌤 운명을 극복할 수 있다는 말씀인가요?

해송 네. 영혼에 자국을 남긴다는 것은 마음이 분노나 슬픔, 집착 등으로 끓거나 얼어붙어 그것이 자국으로 남아 계속 이어진다는 거예요. 그런데 지금까지 윤회를 거듭한 것보다 더 많은 시간이 걸리겠지만 그런 마음을 다스려 조용히 가라앉혀 흔들리지 않게 하면, 영혼에 자국을 남기지 않을 뿐만 아니라 전생부터 이어져 내려온 자국도 관조할 수 있고 또 없앨 수 있어요.

하쌤 그러면 그 방법을 사람들에게 알려서 가르치면 되잖아요?

해송 사람들은 흔히 복잡한 문제가 생겨 마음이 아플 때, '마음을 비우라.'라고 하는데, 이것은 가르칠 수 있는 것이 아니라 스스로 체득해야 하는 거예요.

하쌤   마음을 비우기 위해 사람들이 많은 노력을 하는데, 그건 배워서 얻을
        수 없다는 말씀이신가요?

해송   이렇게 설명해 볼게요. 마음을 비운다는 것은 마음을 비우겠다는 그
        생각까지 비워야 가능해요. 이것은 가르칠 수 있는 것이 아니라 스스
        로 체득해야 하는 거예요. 마음을 비우겠다고 생각하는 순간 마음을
        비우겠다는 생각에 매달리게 돼요. 마음을 비우겠다는 생각으로 마음
        을 채우고 있는 거지요. 이것을 알아차리고 다시 그런 마음을 비우겠
        다는 생각을 하면, 다시 그 생각으로 또 마음을 채우게 되지요. 그냥
        아무 생각 없이 마음을 비워야 하는데, 이것이 그렇게 생각처럼 되지
        않아요. 그래서 부처님은 "사람들에게 손가락으로 달을 가리키면, 사
        람들이 달은 보지 못하고 손가락만 본다."고 했던 겁니다.

하쌤   정말 그렇군요. 그럼 어떻게 해야 하는지요?

해송   황토를 섞은 물을 가라앉히면 지장수가 돼요. 지장수를 가장 빨리 만
        드는 방법은 황토물이 담긴 그릇을 흔들리지 않게 고정시켜 놓은 다
        음에 아무것도 하지 않고 가만히 놔두는 겁니다.

하쌤   그렇게 하면 운명을 극복할 수 있는 길로 들어설 수 있나요?

해송   그렇지요. 자신의 운명이 생긴 대로, 이끌리는 대로 살아가지 않는 방
        법입니다. 자식에 대해서도 똑같아요. 자신의 욕심대로 키우겠다는 마

음을 가라앉히고 가만히 두고 보면서 자식의 특성을 찾아 기질대로 키우는 거예요.

하쌤 하지만 우리는 살면서 계속 원하는 것을 이루기 위해 무엇엔가 집착하면서 살아갈 수밖에 없잖아요. 전생에서도 그렇게 살아오면서 영혼에 그런 자국을 늘 각인시켰겠죠. 그래서 마음을 비운다는 것은 지금까지 수많은 생을 거듭하며 살아 온 방법과는 전혀 다르기 때문에 힘들다는 말로 들려요.

해송 집착이 강할수록 마음을 비우지 못하게 되지요. 사람들이 흔히 강한 집착을 보이는 것들은 바로 부모가 자식에 대한 것, 사랑하는 사람에 대한 것, 재물에 대한 것, 권력에 대한 것 등등이지요.

하쌤 사랑·재물·권력에 대한 집착도 강하지만 자식에 대한 집착이 더욱 강한 것 같아요. 아마도 무의식적으로 자식을 통해 자신이 죽지 않고 계속 살아간다고 여기기 때문이 아닌지 모르겠어요.

해송 마음을 비워 정화시키는 연습을 하다 보면 조금씩 알게 돼요. 자식에게 전적으로 매달려서 모든 것을 투자한다고 잘 되는 것도 아니고, 그렇다고 내버려 둔다고 못 되는 것도 아니지요. 조용히 자식을 지켜보면 그 아이에게 필요한 것이 무엇인지 알게 되고, 그것을 적절한 시기에 주면서 키우면 되는 거지요.

하쌤   부모의 경제적인 능력이 부족해서 그냥 놔두는 경우도 있잖아요.

해송   그런 경우에는 걱정할 필요가 없어요. 부모가 자식에게 집착하지 않고 가능한 능력 안에서 조용히 관심을 가지고 이끌어 주면, 자식도 그 사랑을 알고 최선을 다하게 돼요. 문제는 집착을 가지고 자식을 닦달할 경우에 자식이 반발로 튕겨나갈 수 있다는 거예요. 아니면 하기 싫은 것을 어쩔 수 없이 또는 아무 생각 없이 하고만 있겠지요. 그러면 성공할지라도 하기 싫은 공부를 억지로 한 것이기 때문에 하는 일에 혼을 쏟아 전력할 수도 없고 행복하지도 않아요. 자신의 직업은 그저 먹고살기 위한 방편이 아니라 자신이 하고 싶은 일로 남을 위해 최선을 다하는 보람과 즐거움이어야 해요. 그래야 이 세상이 서로 도우며 사는 아름다운 세상이 되는데, 세상이 이와 정반대로 흘러가니 참 아쉽지요. 명리를 깊이 공부하다 보면 최소한 이런 것 정도는 저절로 깨닫게 됩니다.

하쌤   자식이 잘하고 하고 싶은 것을 하도록 조용히 지켜보며 인도하라는 거잖아요. 저는 그렇게 이해했어요. 독자들도 명리학으로 인생의 법칙을 깨달아 그렇게 할 것으로 봐요.

5강

결핍도 상처도
자신이 감당해야 할 몫이다

주변을 둘러보면 대학의 전공과는 무관하게 살아가는 사람들이 많다. 여러 이유가 있겠지만 대부분 자신의 적성과 진로를 일찌감치 파악하지 못했기 때문이다. 명리를 알면 타고난 적성을 보다 잘 이해할 수 있고, 진로를 택할 때의 실수도 줄일 수 있다. 사실 전공을 택할 때 어떤 운이 오느냐에 따라 자신의 적성과 맞지 않는 전공을 택하는 경우도 제법 있다. 그러니 처음부터 전공을 잘 택한다면 인생을 훨씬 알차게 살아갈 수 있을 것이다.

하쌤 선생님, 지금까지의 사주는 하나하나 각기 그 특색이 뚜렷해서 평범한 사주와는 조금 다르잖아요! 굳이 그렇게 하신 이유가 있는지요?

해송 사주명리를 잘 모르는 독자들에게 쉽게 설명하기 위한 방편이었어요. 그렇게 하지 않으면, 하나하나 그 운명의 특색이 명확하게 드러나지 않기 때문에 명쾌하게 설명하기 어렵습니다. 그래서 먼저 기본적인 특성이 뚜렷한 사주를 가지고 곧 예능이나 체육 또는 공부나 사업 등에서 하나의 특성이 두드러진 사주를 가지고 자식의 특성을 구분해서 알도록 했던 거지요.

하쌤 어쩌면 그런 점 때문에 독자들은 이 책이 자신들의 평범한 입장과 동떨어졌다고 생각할 수 있어요. 그래서 이번에는 아주 평범하게 사는 청년을 가지고 그 사례를 설명해 주셨으면 해요. 마침 제가 그런 사람을 알아요. 불우한 집안 환경에서 자라 2년제 대학을 졸업한 후에 또 전공과 전혀 다른 길을 택한 거예요.

해송 그 말씀으로 보자면 평범하게 사는 청년이라기보다는 초년부터 굴곡이 많은 운명이군요. 제 대학 동기들을 봐도 학과 전공을 택해 취직한 경우가 그렇게 많지는 않아요. 전공대로 취직해서 사는 사람들은 평탄하게 사는 경우라고 해야 하겠지요.

태어난 시 자식 자리	태어난 일 자신·배우자 자리	태어난 월 부모·형제 자리	태어난 연 조상 자리	
乙 을목	庚 경금	甲 갑목	癸 계수	천간
酉 유금	寅 인목	子 자수	酉 유금	지지

하쌤 선생님, 이 사람은 사업가 사주예요. 사업을 하려면 연주나 월주의 지지에 일간과 같은 오행이 있어 힘이 있어야 하고, 재주의 오행과 재물의 오행이 또한 연월주에 있어야 하잖아요. 위의 사주는 경금 庚 일간으로 연지에 같은 오행인 유금 酉 이 있어 힘이 있으면서 연간과 월지에 계수 癸 와 자수 子 라는 재주의 오행이 있고, 또 월간과 일지에 갑목 甲 과 인목 寅 이라는 재물의 오행이 있어요.[1] 그런데 고등학교 3학년이던 2012년 임진(壬辰)년 전문자격을 가진 기술자가 되겠다고 전문대학 건축공학과로 진학을 했으니, 잘 맞는 선택은 아니었겠지요!

해송 원래 전문자격 사주는 자격과 그 기술로 직장에서 월급을 받으며 살아가는 사람이지요. 그러니 전문자격 사주가 되기 위해서는 먼저 자격을 상징하는 공부의 오행 토 土 가 있어야 하고, 기술로는 재주의 오행 수 水 가 있어야 하며, 직장으로는 자기 자신을 극하는 오행 화 火 가 있어야 하고, 월급으로는 재물의 오행 목 木 이 있어야 하겠지요. 그런데 이 사주에는 공부의 오행 토 土 와 직장의 오행 화 火 가 없으니, 직장에서 전문자격을 가지고 월급을 받으며 살기는 힘들어요.

---

1 일지의 인목(寅)은 월주나 연주만큼 크지는 않지만 월주 천간에 갑목(甲)이 있으면서 바로 그 옆에 함께 있어 갑목의 힘을 받쳐 줄 수 있기 때문에 여기에서는 함께 언급했다.

하쌤 이 친구가 군에 다녀온 후부터 열심히 공부했고, 그것을 인정받아 학교와 교수의 추천으로 졸업하면서 건축회사에 취직했어요. 그러나 몇 달 다니다가 그만둔 후에 지금은 대형 불고기 식당에 취직해서 고기를 구우며 손님들에게 서빙을 하고 있어요. 그런데 그게 그렇게 재미있다고 하네요. 전문대학에서 열심히 공부해서 자격증을 따 놓았음에도 건축회사는 다니지 못하겠다고 그만두고, 식당에서 일하는 것은 왜 재미있다며 다니는지요?

해송 저 친구가 전문자격을 가지고 싶어 했던 것은 2012년 임진(壬辰)년 진학 당시 진토 辰 가 공부의 오행으로 작용했기 때문이에요. 사실 진학할 그 당시 세운의 영향으로 과를 잘못 택하는 경우가 흔한데, 저 친구가 바로 그런 사례에 해당한다고 해야 하겠지요. 자신을 낳아 주는 공부·자격의 오행 진토 辰 의 영향으로 대학에는 들어갔는데, 다음 해 2013년 계사(癸巳)년에 바로 그것이 사라지면서 명예·직장의 운이 오니, 공부에 그다지 흥미가 없는 거예요. 보통 저런 경우에는 다시 재수를 하거나 전과를 하는데 그럴 상황이 되지 않았던 모양이군요.

하쌤 아마 그때 집안이 어려워서 다시 재수할 생각은 하지 못하고 바로 군대에 간 거 같아요.

해송 군에 간 것은 직장·조직의 운에 해당하는 것으로 봐요. 그런데 이처럼 재주의 오행 수 水 가 발달한 경우는 군에 갈지라도 자신을 극하는 화 火 곧 직장이나 조직을 수 水 가 극하기 때문에 군대생활을 남들보다

편하게 할 수 있어요.

하쌤   군에서는 취사병으로 근무를 했었다고 해요. 재주의 오행을 사용해서 그랬던 거군요.

태어난 시 자식 자리	태어난 일 자신·배우자 자리	태어난 월 부모·형제 자리	태어난 연 조상 자리	
乙 을목	**庚 경금**	甲 갑목	癸 계수	천간
酉 유금	寅 인목	子 자수	酉 유금	지지

89	79	69	59	49	39	29	19	9
乙	丙	丁	戊	己	庚	辛	壬	癸
卯	辰	巳	午	未	申	酉	戌	亥

해송   2003년 계사(癸巳)년에 군에 입대한 것은 세운의 영향이 커요. 2012년 임진(壬辰)년 다음이 2013년 계사(癸巳)년이고 그다음이 2014년 갑오(甲午)년으로 지지에서 조직의 오행 사화 巳와 오화 午가 오니, 조직과 관련된 환경으로 가기 쉽지요. 보통 이런 경우, 계사(癸巳)년에서 조직의 오행 사화 巳가 일지 인목 寅에 형을 가하기 때문에 군에 가는 경우가 많아요.[1] 국가라는 조직 巳이 자신을 형살로 꼬집으며 괴롭히니, 그 운명에 따라 살게 된다는 거지요. 제대 후인 2015년 을미(乙

---

1 지지의 형(刑)중에서 인(寅)·사(巳)·신(申)이라는 삼형에 해당한다. 두 글자 이상이 서로 붙어 있을 경우, 일반적으로 의료적인 사건이나 법률적인 사건 등으로 문제가 생겼을 때 사람들끼리 서로 조정·타협하거나 개인적으로 몸을 조정하는, 곧 수술하는 특성이 있는 것으로 해석한다. 94쪽 각주 참조.

未)년에는 지지에 미토 未 가 있어 공부 자격의 오행이 오니, 적성에 맞지 않지만 그대로 참고 열심히 공부했던 것 같아요. 2년제 대학이니 그렇게 지내면서 조금 있다가 졸업했던 거 같군요.

하쌤   그렇다면 이런 경우는 자신의 인생 목표와는 별 상관없이 세운에 따라 이리저리 휩쓸려 다닌 것으로 봐야 하나요?

해송   군은 어차피 갔다가 와야 할 것이니, 일찍 다녀온 것을 도리어 다행이라고 봐야 하겠지요. 그래야 인생에 대해 진지하게 깊이 생각하고 더 빨리 준비를 할 테니까요. 그리고 사실 자신을 낳아 주는 오행 토 土 가 없어 공부와는 크게 인연이 없는 운명이에요.

하쌤   19살의 임술(壬戌)대운에서 술토 戌 가 온 것은 별 영향이 없나요?

해송   술토 戌 는 토로서 영향이 크지 않지요.[2] 다음 그림을 보면서 이해해 보죠. 토 土 는 화 火 에 가까이 있어야 화생토(火生土)로 힘이 셉니다. 곧 사 巳·오 午·미 未 라는 화 火 에 가까이 있는 진토 辰 나 미토 未 는 힘이 세고, 해 亥·자 子·축 丑 라는 수 水 에 가까이 있는 술토 戌 와 축토 丑 는 힘이 없다는 거지요.

하쌤   그러면 저렇게 직장·조직의 오행인 화 火 가 없는데도 불구하고 대형 식당에서 근무하는 것에 대해서는 무엇이라고 설명해야 할까요?

---

2   3부 1장 「공부를 시켜야 할까, 운동을 시켜야 할까?」 참조.

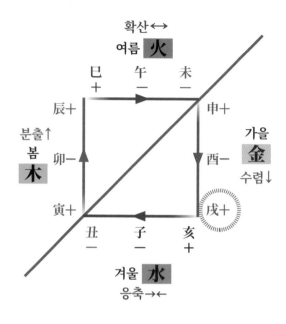

해송 미래의 사업을 미리 준비하며 공부하는 거라고 보면 되겠지요. 식당에서 이일저일 하면서 그 전체가 어떻게 유지되며 돌아가는지 배우느라고 무척 재미있어 할 겁니다.

하쌤 그것도 공부의 오행이 있어야 하는 거 아닌지요?

해송 건축은 전문자격이 필요하니, 공부의 오행이 반드시 꼭 있어야 해요. 그렇지만 식당 경영에 필요한 지식은 일을 하면서 배울 수 있는 것이기 때문에 굳이 공부의 오행이 필요한 것은 아니지요. 그러니 저 친구의 사주로 볼 때 학교에서 전문적으로 배우는 공부는 원래 좋아서 했던 것이 아니라 세운 때문에 잠깐 열심히 했던 것이고, 식당에서 일을 하면서 직접 느끼거나 곁눈질로 배우는 공부는 사업가 사주이기 때문에 재미있게 열심히 하는 거지요.

하쌤 그러면 저 친구가 어느 정도 경험을 쌓아 적당한 나이에 사업을 하면 성공할 수 있겠는지요?

태어난 시 자식 자리	태어난 일 자신·배우자 자리	태어난 월 부모·형제 자리	태어난 연 조상 자리	
乙 을목	庚 경금	甲 갑목	癸 계수	천간
酉 유금	寅 인목	子 자수	酉 유금	지지

해송 저 사주에서 사업은 계수 癸 와 자수 子 라는 재주로 갑목 甲 과 인목 寅 및 을목 乙 이라는 돈을 버는 것이기 때문에 대운에서 그것들이 잘 흘러 주어야 해요. 재주부터 보자면 계수 癸 와 자수 子 는 나무를 타고 올라가는 물로서 해 亥·자 子·축 丑 이라는 겨울 水 과 인 寅·묘 卯·진 辰 이라는 봄 木 의 계절에서 힘이 세니, 식당을 한다면 그런 때에 맞난 음식을 만들어 낸다는 거지요.

하쌤 그리고 갑목 甲 과 인목 寅 은 물을 먹고 자라는 나무이기 때문에 해 亥·자 子·축 丑 이라는 겨울 水 의 계절과 인 寅·묘 卯·진 辰 이라는 봄 木 의 계절에서 힘이 세고, 을목 乙 은 햇빛과 열기로 자라는 나무이기 때문에 인 寅·묘 卯·진 辰 이라는 봄 木 의 계절과 사 巳·오 午·미

未라는 여름火의 계절에서 힘이 세니, 대운이 그런 때로 흐를 때에 돈을 번다는 것이겠군요.

태어난 시 자식 자리	태어난 일 자신·배우자 자리	태어난 월 부모·형제 자리	태어난 연 조상 자리	
乙 을목	庚 경금	甲 갑목	癸 계수	천간
酉 유금	寅 인목	子 자수	酉 유금	지지

89	79	69	59	49	39	29	19	9
乙	丙	丁	戊	己	庚	辛	壬	癸
卯	辰	巳	午	未	申	酉	戌	亥

해송   저런 사주가 안타까운 경우에 속해요. 재주의 오행과 재물의 오행이 사주에 뚜렷하게 잘 있음에도 불구하고 대운의 지지가 유酉·신申이라는 금金의 계절과 미未·오午·사巳라는 화火의 계절로 흐름으로써 재주와 돈을 그다지 받쳐 주지 않기 때문이지요. 무척 노력하며 아무리 애써도 욕심대로 돈이 벌리지 않으니 삶이 아주 고단할 수 있어요.

하쌤   그러면 이런 사주의 경우는 무엇을 하며 어떻게 살아야 하는지요?

해송   특히 한창 돈을 벌 수 있는 30대부터 50대까지 대운의 지지가 유酉·신申·미未로 돈인 목木과 정반대로 흘러 더욱 안타까워요. 이런

때에는 너무 욕심을 부리지 말고 자신의 기술을 확실히 발휘할 수 있
도록 실력을 쌓은 다음에 규모를 작게 하여 자신만의 특화된 맛집 같
은 것을 직접 실속 있게 운영해야 해요. 절대로 규모를 크게 해서는 안
돼요.

하쌤　이런 자식을 둔 부모의 입장에서는 지금부터라도 어떤 기술이든 제대
로 익히도록 도와야 하겠네요.

해송　'자식이 식당을 해도 음식 맛이 없으면, 그 부모도 가지 않는다.'는 말
이 있어요. 그런데 이분은 재주의 오행이 사주의 연간과 월지에 계수
癸와 자수子로 뚜렷하게 있으니, 제대로 실력을 발휘하면 먹고 사는
데에는 지장이 없을 거예요. 다만 많은 돈을 벌기 위해 일을 크게 하면
망하게 되니, 사실 이런 사주는 조언해 주기에 아주 골치가 아파요.

하쌤　왜 골치가 아프다는 건지요? 사업을 크게 확장해서는 안 된다는 말을
하기가 어려워서 그렇다는 말씀인가요?

해송　네. 대운에서 돕지 않으니, 대운이 아니라 세운에서 도울 때 4~5년 정
도 돈을 다소 벌 수 있는데, 이때 욕심을 부려 더 크게 일을 만들면 바
로 망하기 때문이에요. 대운에서 돕지 않고 세운에서 돕는 것은 저 사
주의 경우 기껏 길어 봐야 4~5년 정도예요. 그런데 이때 돈이 다소 모
이면 자신감이 생기면서 사업을 크게 확장하려고 하며 남의 말을 듣
지 않게 되니, 그때 돈을 번 것이 도리어 망하게 되는 유혹이지요.

하쌤 하늘이 돈을 벌 수 있는 재주와 그릇만 주고, 운을 허락하지 않아 고생한다는 거군요.

해송 맞습니다. 이 친구 선생님 공부방 제자지요? 그 부모님을 알면 잘 말씀드려야 할 텐데, 이런 경우는 별로 좋은 소리가 아니기 때문에 뭐라고 말해 주기도 참 곤란해요. 옛 제자들과 가끔 모여 담소도 한다고 하셨으니, 그때 기회가 되거든 부모처럼 잘 이야기하며 설명해 줘요. 그리고 사주 책을 한 권 줘서 명리 공부를 하게 함으로써 운명의 원리를 스스로 터득하도록 해 주세요. 저 사주는 욕심을 부릴수록 고생할 수밖에 없고, 마음을 비우면 부유하지는 않을지라도 그 재주로 충분히 먹고 살 수 있는 사주에 속해요.

하쌤 그렇다면 저 사주는 아예 처음부터 대학에서 전문자격보다는 흥미 있는 쪽으로 사업 준비를 하는 것이 좋았겠네요.

해송 전문대학 2년을 허비했다고 보기보다는 공부에 대한 후회가 없도록 하는 세월이었다고 보는 것이 좋을 겁니다. 음식점으로 사업을 해 보고 싶은 생각이 있었다면 조리학과 같은 곳을 택하는 것이 좋았겠지만 건축도 나중에 소규모로 할 수 있는 사업이니, 그것에 대한 지식을 어느 정도 익힌 것도 괜찮다고 봐요. 다만 운이 좋지 않으니, 건축보다는 소규모 식당을 실속 있게 운영하는 것이 좋을 겁니다.

하쌤 이 사주를 한 청년이 평범하게 사는 하나의 사례로 권했는데, 지금 선생님 설명을 듣고 보니, 오히려 이 경우는 사업 방향으로 뚜렷한 사주 군요. 그래서 저렇게 대형식당의 직원으로 취직해서 미리 미래의 사업 준비를 하는 거고요. 그런데 사실 이 친구가 이렇게 식당에서 일을 해 볼 수 있는 것은 집안이 갑자기 불운을 당해 부모의 간섭 없이 이런 일 저런 일 가리지 않고 닥치는 대로 해 왔기 때문이라고 생각할 수도 있어요.

해송 환경이 다급해지면 생존본능이 강해져서 어떤 환경에도 참고 적응하며 자신의 능력 이상을 발휘하게 돼요. 그 때문에 인생 경험이 다양해지며 배우는 것이 훨씬 더 많아진다면, 불행 중에 그나마 오히려 다행이라고 할 수 있겠지요. '자식에게는 사서라도 고생을 시키라.'는 말도 있잖아요. 그러니 이런 경우를 보편적인 것으로 적용할 수는 없을지라도 일단 그렇다는 것을 알고 부모들이 자식을 키우는 데 참작해야 할 겁니다.

하쌤 아이들이 타고난 재능과 특성을 살리기 위해 지금 당장보다는 내일의 큰 꿈을 향해 많은 경험과 체험이 필요하다는 말씀이지요! 부족함이 없이 자란 요즘 아이들에게는 꼭 필요한 거네요. 부모님들도 그걸 알지만 조급한 마음 때문에 자기 자식만큼은 그렇게 기다려 주기가 어렵겠지요. 그렇지만 마음을 가라앉히고 꼭 명리의 이치를 참고해서 그 길을 찾아야 할 텐데요. 하여간 선생님께서 자연의 이치로 여러 가지 사례를 통해 절실함을 일깨워 주셔서 고맙습니다

나오며

도상무위, 이무불위
道常無爲, 而無不爲

도는 언제나 아무것도 하지 않지만, 하지 못하는 것이 없다.

후왕약능수지, 만물장자화.
侯王若能守之, 萬物將自化.

제후들이 그것을 지킬 수 있다면, 만물이 저절로 교화될 것이다.

화이욕작, 오장진지이무명지박.
化而欲作, 吾將鎭之以無名之樸.

교화된다고 그것을 내세우려고 한다면, 나는 이름 없는 소박함으로 그것을 내리누를 것이다.

무명지박, 부역장무욕.
無名之樸, 夫亦將無欲.

그런데 이름 없는 소박함, 그것마저도 하고자 하지 않겠다.

불욕이정, 천하장자정.

不欲以靜, 天下將自定.

하고자 하지 않음으로써 그대로 놔두면, 천하가 저절로 안정될 것이다.[1]

하쌤   선생님 이것은 『도덕경』 37장으로 기억되는데, 왜 갑자기 여기에서 말씀하시는지요?

해송   지금까지 명리로 자식의 특성을 파악해서 잘 키우는 방법을 설명했는데, 또 그 때문에 혹 자식에게 미리 강압적으로 교육시키려다가 잘못될까 걱정되어 옮겨 봤어요.

하쌤   무슨 의미인지 알겠어요. 명리로 자식이 어디에 재능이 있다는 것을 알고는 성급하게 그것을 미리 억지로 시킬까 염려되어 그러셨군요.

해송   아이들이 어떤 것에 뛰어난 재주가 있으면 가만히 놔두어도 저절로 그것을 하게 되어 있어요. 그런데 대부분의 아이들은 하나의 재주가 아주 뛰어나기보다는 다른 특성보다 조금 더 강하게 가지고 있는 정도여서 그것이 쉽게 드러나지는 않아요. 그런데 그것을 명리로 앞서 파악했다고 강요해서 가르치려고 한다면, 도리어 아이가 반발해서 하지 않게 될 수 있어요.

---

1   『도덕경』 37장의 내용인데 그 전체에 대한 자세한 것은 필자 김학목이 홍익출판사를 통해 번역한 『노자 도덕경과 왕필의 주』를 참고하기 바란다.

하쌤 아이가 자신의 재능을 찾아 스스로 하고 싶어 할 때까지 참고 기다리다가 도와주면, 반발 없이 나아가는 힘이 크기 때문이잖아요.

해송 교육의 근본적인 목적은 자식들이 홀로서기를 하게 하는 거라고 생각해요. 「동물의 왕국」에서 동물들이 새끼 키우는 걸 봐요. 우리 사람들이 동물들보다 훨씬 못해요. 동물들은 어미가 처음에는 먹이를 가져와 먹기 좋게 해서 먹이다가 어느 정도 자라고 나면 스스로 잡는 훈련을 시켜요. 새 같은 경우는 나중에 스스로 날아오를 때까지 멀리서 부르기만 하고 절대로 먹이를 주지 않더군요. 사람의 자식교육은 동물과 무슨 차이가 있을까요?

하쌤 사람이나 동물 모두 잘 키우려고 애쓰는 것은 마찬가지잖아요.

해송 동물은 정확하게 스스로 홀로서기를 하도록 가르치고, 사람은 학교 성적 자체만 올라가도록 만들어요. 그러니 문제해결 능력이 없어 명문대에서도 과제를 부모가 해서 가져오고, 회사에 취직한 후에도 부모가 간섭하며, 심지어 이혼까지도 부모가 나서서 시킨다고 하는군요.

하쌤 선생님 말씀은 자식이 자신이 하고 싶은 것을 찾을 때까지 지켜보며 놔두어야 하고, 또 스스로 그것에 재미를 붙여 열심히 하기 시작해도 옆에서 직접 간섭하지 말고 가능한 모든 것을 스스로 할 수 있도록 하라는 거네요.

해송 그렇습니다. 제가 선생님과 이 책을 쉽게 볼 수 있게 쓰는 근본적인 이유는 부모들이 자식에게 가능한 간섭하지 않고 공부를 스스로 할 때까지 두고 볼 수 있어야 자식이 제대로 행복하게 되고 사회도 건강하게 되기 때문이에요.

하쌤 독자들이 이 책을 열심히 읽고 명리의 원리를 깨달아 선생님의 말씀대로 자식을 그 적성과 성향대로 잘 키울 것이라고 봐요.

해송 자식이 잘 되기를 바라는 욕심에 마음이 답답하고 두려울지라도 꼭 용기를 가지고 기다려야 합니다. 그래야 자식이 그 특성에 따라 홀로 서서 스스로의 삶을 아름답고 행복하게 가꾸고, 또 나아가 사회에서도 훌륭한 일꾼이 될 겁니다.

하쌤 명심하겠습니다. 선생님.

엄마의 명리 공부

1판 1쇄 펴냄 2019년 1월 15일
1판 3쇄 펴냄 2022년 3월 8일

지은이 | 김학목 · 최은하
발행인 | 박근섭
책임편집 | 정지영
펴낸곳 | 판미동

출판등록 | 2009. 10. 8 (제2009-000273호)
주소 | 06027 서울 강남구 도산대로 1길 62 강남출판문화센터 5층
전화 | 영업부 515-2000 편집부 3446-8774 팩시밀리 515-2007
홈페이지 | panmidong.minumsa.com

도서 파본 등의 이유로 반송이 필요할 경우에는 구매처에서 교환하시고
출판사 교환이 필요할 경우에는 아래 주소로 반송 사유를 적어 도서와 함께 보내주세요.
06027 서울 강남구 도산대로 1길 62 강남출판문화센터 6층 민음인 마케팅부

© 김학목·최은하, 2019. Printed in Seoul, Korea
ISBN 979-11-5888-488-8 03150

판미동은 민음사 출판 그룹의 브랜드입니다.